HERBATA

Małgorzata Caprari

HERBATA

KDC
KLUB DLA CIEBIE

Projekt okładki:
Marek Ciesielczyk

Zdjęcia w książce:
KD Kontrasty

Redakcja:
Natalia Wiśniewska

Korekta:
Jadwiga Kosmulska

Wydanie specjalne

ISBN 978-83-60597-30-9

Skład i łamanie:
Laguna

Druk i oprawa:
Zakład Poligraficzno-Wydawniczy POZKAL
88-100 Inowrocław
ul. Cegielna 10/12

SPIS TREŚCI

WSTĘP

Kiedy tak naprawdę zaczęto pić herbatę – nie wiadomo. Niektóre źródła podają, że miało to miejsce ponad 3 tysiące lat temu w Chinach, gdzie już od 2500 lat napój zwany „cha" stanowi uzupełnienie codziennego jadłospisu. Istnieje tam wiele legend mówiących o tym, w jaki sposób Chińczycy poznali dobrodziejstwa herbacianego naparu, wedle jednej z nich, w 2737 r. p.n.e., mędrzec na cesarskim tronie Chin, Shen-nong odpoczywając w cieniu herbacianego drzewa zobaczył, jak kilka listków wpadło do czajnika z gotującą się wodą. Wspaniały aromat tego naparu był tak apetyczny, że cesarz, zapragnął go spróbować i wkrótce cały dwór delektował się cudownym napojem, który dodawał sił i chęci do życia.

W Indiach natomiast wynalazek parzenia herbaty wiązano z legendarnym mnichem, imieniem Bodhidharma, który postanowił przez 7 lat medytować nie mrużąc oka. I oto ostatniego dnia ogarnęło go straszliwe zmęczenie, więc – aby odpędzić sen – zerwał kilka listków z drzewa, pod którym siedział i zaczął je żuć, a znużenie minęło. W wersji japońskiej, bardziej drastycznej, mnich, aby nie zasnąć, obciął sobie własnoręcznie powieki, z których wyrosło właśnie drzewo herbaciane.

Pierwsze pisemne wzmianki o herbacie możemy znaleźć w datowanej na 770 rok p.n.e. tzw. „Księdze Chou Huna". Początkowo napar z herbacianych liści był uważany za lek i środek wzmacniający. Zbierano i wykorzystywano liście z dziko rosnących drzew i krzewów. Pierwsze plantacje herbaciane powstały prawdopodobnie w III wieku p.n.e., stopniowo też ulepszano technologie pozyskiwania i obróbki cennego surowca. W VIII wieku, kiedy herbata osiągnęła już w Chinach popularność napoju narodowego, poeta imieniem Lu You napisał „Świętą księgę herbaty". Tomisko zawierało dokładny opis krzewu herbacianego, dostarczanego przezeń surowca oraz metody jego obróbki. Można się z niej było także dowiedzieć niemal wszystkiego o samej ceremonii parzenia i picia herbaty, a także i o urządzeniach do tego celu niezbędnych. Lu You podał nawet spis najważniejszych plantacji herbacianych i słynnych herbacianych smakoszy.

Herbaciany napar jest dzisiaj tak popularny, że nie zastanawiamy się, skąd właściwie się wziął. Jego rozpowszechnienie przypisywano mnichom buddyjskim. Mocny napar LuAn (Czysty, Klarowny widok) umożliwiał im podobno nocne czuwanie i wielogodzinne czytanie sutr. Zwykle traktowano herbatę jako ceremonialny napój lub skuteczne lekarstwo na różne dolegliwości.

Od czasów panowania dynastii Tang (618–907), nazywanych „złotym wiekiem herbaty", delektowanie się naparem z liści herbacianego krzewu stało się czynnością łączącą w sobie zarówno sferę materialną, jak i duchową, a obróbka herbaty i jej parzenie wiązały się z całym ceremoniałem. Początkowo liście herbaty mieszano z ryżem, a następnie kruszono i gotowano w wodzie z dodatkiem cebuli, imbiru i pomarańczy. Później liście herbaty formowano w małe kulki i prażono nad ogniem. U schyłku panowania dynastii Ming zaczęto używać aromatyzowanych gatunków. Świeże, umyte i wysuszone liście mieszano najczęściej z aromatycznymi kwiatami i owocami. W tym okresie również wymyślono specyficzny sposób fermentacji tak zwanej czerwonej herbaty. Ten gatunek herbaty pijany jest w Chinach w chłodne dni, zimą i jako dodatek do potraw pieczonych. Szczególnie wyrafinowana stała się sztuka uprawy i przygotowywania herbaty za czasów dynastii mandżurskiej, kiedy herbata zaczęła podbijać świat i stała się cennym produktem eksportowym. Na sztukę parzenia herbaty, czyli *cha yi* – składa się wiele elementów, jak sposób parzenia herbaty, zwracanie uwagi na smak, aromat, kolor, znajomość jej historii, gatunków, sposobów przetwarzania, naczyń oraz związana z nią estetyka, etykieta, a nawet i filozofia. W tradycji chińskiej kulturę herbaty traktuje się na równi z takimi dziedzinami sztuki jak kaligrafia, sztuka rzeźbienia pieczęci czy wytwarzania ceramiki, i uważa się ją za istotną, nieodłączną część kultury narodowej.

Popularne chińskie przysłowie powiada, że drewno na opał, ryż, olej, sól, sos sojowy, ocet i herbata to siedem produktów niezbędnych w każdym gospodarstwie domowym, bez względu na pozycję czy zamożność gospodarza.

Herbaty chińskie można klasyfikować na różne sposoby i według różnych kryteriów. Na przykład w zależności od pory zbioru liści dzieli się je na herbaty wiosenne, letnie, jesienne i zimowe. Czasami podział ten jest jeszcze dokładniejszy. Wśród herbat wiosennych wyróżnić można dodatkowo herbaty wczesnowiosenne i późnowiosenne lub herbaty zbierane przed świętem *Qingmingjie*, przypadającym na początku kwietnia oraz te, zbierane po święcie. Herbaty można również podzielić ze względu na kształt liści, to znaczy stopień i rodzaj ich zwinięcia.

Natomiast najprostszym i najbardziej znanym Europejczykom, ale jednocześnie niezbyt dokładnym kryterium podziału herbat, jest stopień fermentacji. Wyróżnia się tu:

- herbaty niefermentowane,
- herbaty półfermentowane,
- herbaty całkowicie fermentowane.

Według powszechnie stosowanego, bardzo dokładnego i posiadającego wielowiekową tradycję chińskiego podziału herbat, kryteriami, które najlepiej oddają specyfikę różnych odmian herbacianego napoju, są: kolor naparu i stopień fermentacji liści. Na tej podstawie wyróżnia się tzw. „sześć wielkich rodzajów herbat". W ich skład wchodzą herbaty: zielone, białe, żółte, czerwone, czarne i tzw. wulongi.

Chińczycy pilnie strzegli tajemnicy uprawy herbaty i nawet niezbyt odległa Japonia początkowo musiała się zadowalać herbatą importowaną z Chin. Dopiero w początkach IX stulecia n.e. mnich buddyjski Dengo Daishi przywiózł z Chin nasiona herbacianego krzewu. Napój sporządzany z ich liści stał się na cesarskim dworze prawdziwą sensacją. Szybko postanowiono założyć plantacje tej rośliny w kilku japońskich prowincjach. Jednak na prawdziwą popularność herbaty w Kraju Kwitnącej Wiśni trzeba było czekać do XII wieku, gdyż wcześniej, z powodu napiętych stosunków chińsko-japońskich, odżegnywano się od wszelkich chińskich zwyczajów, do których należał także zwyczaj picia napoju herbacianego.

Ceremonia picia herbaty w Japonii i Chinach różni się znacznie, ze względu na odmienną filozofię – w Chinach wszelkie obrzędy warunkowały tao i konfucjanizm, podczas gdy w Japonii ceremonia parzenia herbaty zwana *cha-no-yu* jest związana z ascetyczną filozofią i estetyką buddyzmu zen.

Dla Chińczyków celem ceremonii parzenia i picia herbaty jest oczyszczenie duszy i osiągnięcie harmonii ze światem i przyrodą oraz dążenie do piękna. Szczególną uwagę zwraca się na dobór odpowiednich naczyń, które powinny być zarazem estetyczne i wygodne w użyciu. Ważne jest także otoczenie, krajobraz, gra świateł i woń kwiatów. Rytuał picia herbaty powinien być medytacją, która pomaga oderwać się od trosk codziennego życia, natomiast ma służyć zdrowiu ciała i duszy.

Niektórzy znawcy tematu dowodzą, że japońska tradycja rytualnego picia herbaty jest echem praktyk religijnych buddystów południowej sekty cz'am, która przejęła wiele doktryn taoistycznych. Mnisi zbierali się przed wizerunkiem Bodhidharmy i pili herbatę ze wspólnej czarki, a następnie oddawali się modlitwom.

Natomiast bardziej sformalizowana tradycja japońskich ceremonii herbacianych narodziła się w XV wieku, w tzw. epoce Muromachi. Największy wpływ na jej powstanie wywarli panujący w owych czasach szogun Ashikaga Yoshimitsu oraz niedoszły mnich buddyjski Murata Mokichi (zwany później Murata Shuko). Ashikaga Yoshimitsu był koneserem dzieł sztuki i zapalonym kolekcjonerem. W jego zbiorach znajdowały się cenne, kunsztownie wykonane chińskie imbryki, czarki i ozdobne pudełeczka. Szogun często zapraszał gości, aby im zademonstrować najcenniejsze przedmioty ze swej kolekcji. Takim prezentacjom zwykle towarzyszył konkurs rozpoznawania herbaty podanej w cennych naczyniach. Murata natomiast w młodym wieku wstąpił do klasztoru buddyjskiego, został jednak z niego usunięty, gdyż chronicznie zasypiał podczas nocnych modłów. Spróbował szczęścia w innym klasztorze, ale i tam przytrafiało mu się to samo. Zdesperowany, aby odpędzić senność, zaczął pijać starannie przygotowaną mocną herbatę, co ponoć odniosło pożądany skutek. Wkrótce przyłączyli się do niego przyjaciele, a spotkania połączone z degustacją aromatycznego naparu, stały się słynne w całym cesarstwie. Wieść o nich doszła w końcu do uszu szoguna, który zaprosił Muratę na swój dwór i uczynił mistrzem ceremonii herbacianej. Z czasem zwyczaj upowszechnił się w całym Kraju Kwitnącej Wiśni, a rytuał zaczęto doskonalić w najdrobniejszych szczegółach. W XVI stuleciu zasłynął mistrz ceremonii herbacianych Sen no Rikyú (Sen-No-Soeko), którego potomkowie do dziś kultywują herbaciane tradycje. Podobno mistrz Rikyú, zapytany kiedyś o istotę „drogi herbaty", odpowiedział: należy „latem stworzyć wrażenie rześkiego chłodu, a zimą – rozgrzewającego ciepła, węgla wziąć tyle, by zawrzała woda, herbaty zaś tyle, by zrobić dobrą herbatę. I to jest cała tajemnica.

Kiedy jego rozmówca rozczarowany odrzekł, że wszystko to jest powszechnie znane, mistrz zaś stwierdził, że chętnie zostanie uczniem tego, komu uda się tak właśnie herbatę podać. Mistrzowi Rikyú przypisuje się także wzniesienie pierwszego w Japonii pawilonu herbacianego, a także, około roku 1590, ustalenie sześciu podstawowych zasad *cha- no-yu*, które jednak dziś mogą nam się wydawać dość oryginalne:

1. Sygnałem wzywającym gości do herbacianego pawilonu powinien być dźwięk drewnianej kołatki.
2. Każdy gość powinien mieć dostęp do miseczki do polewania rąk, zawsze napełnionej czystą wodą.
3. Gość, który zauważy jakąkolwiek niewłaściwość w urządzeniu pawilonu, powinien natychmiast wyjść bez słowa.
4. Rozmowa przy herbacie może dotyczyć tylko tematów poważnych i godnych.
5. Z ust gości nie może wyjść kłamstwo, pochlebstwo, plotka ani obmowa.
6. Ceremonia nie powinna trwać dłużej niż 4 godziny.

Także i obecnie w Japonii uroczyście celebruje się zwyczaj picia tzw. „herbaty ceremonialnej", którą parzy się podczas obrzędów religijnych lub przy szczególnie doniosłych okazjach.

W czasie ceremonii gospodarz przygotowuje dla gości herbatę i poczęstunek, ceremonialnie pełniąc honory domu. Zarówno goście, jak i gospodarz do dziś muszą przestrzegać bardzo skomplikowanych reguł zachowania, dzięki którym ceremonia przypomina wyszukane przedstawienie teatralne. Na wstępie rozciera się liście zielonej herbaty na bardzo drobny proszek. Sproszkowaną herbatę wsypuje się wystudiowanymi ruchami i z wielkim pietyzmem, niewielkimi porcjami do filiżanki o wymyślnym kształcie lub do specjalnego czajnika w kształcie elipsy i po wsypaniu każdej porcji wlewa się gorącą wodę, również w niewielkich ilościach. Każdą porcję herbaty zalewa się wrzątkiem, ubija specjalną bambusową lub ryżową miotełką na krem o konsystencji rzadkiej śmietanki, a wszystkie operacje powtarza się, aż do napełnienia naczynia. Napar ma barwę i konsystencję przecieru szpinakowego i niezwykle gorzki smak (pije się go bez cukru), ale jest bardzo aromatyczny i mocny, gdyż na pół litra wody bierze się zazwyczaj 10–20 dag suchej herbaty. Naczynie z herbatą wędruje od gościa do gościa, każdy powinien przełknąć łyk napoju, a następnie wytrzeć krawędź serwetką. Po wysączeniu ostatniej kropli filiżankę puszcza się ponownie w obieg, zaś goście powinni teraz ocenić walory artystyczne i wykonanie naczynia. Ceremonia herbaciana przyczyniła się niewątpliwie do rozwoju japońskiej sztuki ceramicznej, wpływając równocześnie na finezję i subtelność obyczajów. Szczególną uwagę zwraca się także na szczegóły, jak wystrój wnętrz i ogrodu, dekorację stołu. Ceremonia herbaciana, jeśli to tylko możliwe, odbywa się w specjalnym pawilonie ogrodowym przeznaczonym wyłącznie do tego celu, a sztuki tradycyjnego parzenia herbaty uczy się w Japonii w specjalnych szkołach. W Polsce taki pawilon herbaciany znajduje się na terenie Uniwersytetu Warszawskiego i jest on w gestii Instytutu Orientalistyki. Udział w tradycyjnym *cha no yu* może dostarczyć wielu emocji, to próba oderwania się od codziennej gonitwy, okazja do kontemplacji i medytacji. Japońskie ogrody tchną spokojem i pozwalają na oderwanie się od świata zewnętrznego i codziennych spraw. Najwięcej wrażeń dostarcza ceremonia herbaciana w bogatym prywatnym domu, jest bowiem najbliższa duchowi dawnych czasów. Przybywających gości gospodarz wita ukłonem już przy furtce. Wszyscy wchodzą do ogrodu i spacerują, podziwiając rośliny oraz kamienne kompozycje krajobrazowe. Wszyscy spotykają się przy ogrodowej ławeczce, po to, aby wybrać spośród zaproszonych »pierwszego gościa« (*shokyaku*). Jest to osoba uznana za najbardziej szanowaną i obeznaną z etykietą *chakai*, której zadaniem będzie – wspólnie z gospodarzem – troska o odpowiedni przebieg ceremonii. Rolą będzie wraz z gospodarzem zadbanie o atmosferę spotkania oraz służenie przykładem. Goście przed przejściem do pawilonu na dłuższą chwilę zatrzymują się przy źródełku, gdzie każdy uczestnik *cha-no-yu* za pomocą drewnianego czerpaka nabiera wody i myje ręce oraz płucze usta. Czynność ta powinna być wykonywana w skupieniu, gdyż oznacza symboliczne oczyszczenie ciała i ducha.

Do pawilonu herbacianego wchodzi się przez nieduży otwór zwany *nijiriguchi*. Ma on zwykle wymiary 80 x 70 cm, więc każdy wchodzący musi przykucnąć i niemal się wczołgać do środka. Wejście to symbolizuje równość wszystkich uczestników ceremonii. W dawnych czasach samuraje musieli pozostawiać na zewnątrz swoją broń, aby także w ten sposób zademonstrować swoją równość wszystkimi z kim będą dzielić się herbatą.

Po wejściu do pawilonu goście zbliżają się do *tokonoma* – specjalnej wnęki, przeznaczonej do eksponowania dzieł sztuki i bibelotów. Przed rozpoczęciem ceremonii we wnęce tej wisi najczęściej zwój z wykaligrafowaną sentencją zen, nawiązującą do ceremonii herbacianej lub pory roku. Goście powinni dokładnie obejrzeć zwój, a następnie zasiadają na podłodze, wokół paleniska. Pokój, w którym przebywają ma wielkość 2–4 *tatami* i jest umeblowany według zasad wabi (co oznacza ubóstwo, prostotę) oraz *sabi* (oznacza powściągliwość, zgaszone barwy, nieregularność kształtów, skromność). Pokój przeznaczony do ceremonii zawiera jak najmniej mebli i innych codziennych przedmiotów, tak aby nic nie rozpraszało skupienia uczestników ceremonii.

Kiedy wchodzi gospodarz, gość honorowy tradycyjnie dziękuje mu za zaproszenie i za przygotowanie ceremonii. Potem rozpoczyna się lekka rozmowa na temat sztuki, zazwyczaj czarek do herbaty i wiszącego we wnęce zwoju. Poruszane są tylko tematy związane z ceremonią, gdyż omawianie innych, zwłaszcza związanych z pracą, uważane jest za nietakt. Goście zazwyczaj częstowani są lekkim posiłkiem, na który składają się ryż, zupa, ryba i warzywa, a także sake. Po zakończeniu jedzenia goście ponownie wychodzą do ogrodu, podczas gdy gospodarz przygotowuje się do podania herbaty. Kiedy goście wracają, wystrój *tokonoma* jest już inny, np. kunsztownie ułożone kwiaty. Po chwili przeznaczonej na podziwianie nowej dekoracji goście ponownie zasiadają wokół paleniska. Potem następuje punkt kulminacyjny ceremonii – degustacja herbaty. Po wypiciu herbaty *koicha* – z jednego naczynia, każdy z gości otrzymuje jeszcze herbatę zwaną *usucha* w osobnej czarce. Podczas picia dopuszczalne jest – co ciekawe – siorbanie, które w Japonii nie uchodzi wcale za brak dobrych manier. Na zakończenie ceremonii gość honorowy w imieniu zebranych dziękuje gospodarzowi za przygotowanie poczęstunku. Ceremonia picia herbaty stanowi właściwie kwintesencję japońskiej kultury i filozofii, udowadnia, że nawet zaspokajanie najprostszych potrzeb człowieka, jak picie, może stać się wysublimowaną sztuką.

Herbata powoli torowała sobie drogę w obce kraje – najpierw do Tybetu i Mongolii (VII w. n.e.), a następnie przez Syberię w stronę Europy. Podczas podboju Syberii w początkach XVI wieku Rosjanie poznali zalety herbaty. Dzięki tomskiemu bojarowi Wasylowi Starkowowi, który przywiózł z Mongolii „chińskie ziele", jako skuteczny lek na wiele dolegliwości.

Natomiast w Europie Zachodniej pierwsze wzmianki pochodzą z końca XVI wieku, gdyż, co ciekawe, nie wspomniał o niej w swych pamiętnikach wenecki kupiec Marco Polo, który jako pierwszy Europejczyk dostarczył wiarygodnych relacji z „Państwa Środka". Dokładniejszych wiadomości na temat napoju sporządzanego z herbacianych liści dostarczył polski misjonarz i przyrodnik, Michał Boym, który w XVII wieku znalazł się na chińskim dworze. W manuskrypcie *Rerum Sinensium Compendiosa Descriptio* znajdujemy następującą wzmiankę:

Krzew, z którego liści przygotowany jest słynny w całych Chinach napój, nazywany jest cia. Chińczycy zbierają liście na wzgórzach, suszą je na małym ogniu na żelaznych siatkach i zalewają wrzącą wodą, przez co jest zielony lub żółty. Zwykle rozkoszują się, pijąc go w stanie gorzkim. Dodając do niego słodyczy, częstują nim gości. Japończycy mieszają proszek z liści z wodą i piją. Jednostka wagi najlepszej herbaty kosztuje często bardzo drogo. Orzeźwia przy upałach, zapobiega tworzeniu się kamieni i senności.

W XVII stuleciu holenderscy kupcy przywieźli ze Wschodu suszone liście herbaciane (herba thea), które początkowo traktowano jako... lekarstwo.

Do Anglii herbatę miał sprowadzić w roku 1658 Thomas Garroway, właściciel magazynu kolonialnego w Londynie, jednak moda na jej picie wiąże się dopiero z małżeństwem króla Karola II z portugalską księżniczką Katarzyną Braganza, która w posagu przywiozła m.in. skrzynie chińskiej herbaty. Królowa piła chętnie ten napój, a za jej przykładem poszedł wkrótce cały dwór. Ze względu na wysokie koszty importowanych „ziółek" herbata była napojem, którym delektować się mogły jedynie wyższe sfery angielskie, a historycy podają, że istniały specjalne skrzyneczki na herbatę – czasem bogato zdobione, nawet na wysokiej nóżce. Stanowiły one umeblowanie kuchni lub salonu. W skrzyneczce, w zależności od wielkości, znajdowały się dwie-trzy przegródki – jedna na herbatę czarną, druga na zieloną, a trzecia na ewentualną mieszankę. Skrzyneczki zamykane były nawet na kluczyk, aby luksusowym napojem nie częstowała się służba.

Pierwsze naczynia do herbaty, jakich używano w Europie, przyjechały z Chin, towarzysząc transportom tej rośliny w połowie XVII wieku. W tym samym czasie w języku angielskim zaczęło funkcjonować słowo *china* – na określenie porcelany, a także wszystkich naczyń potrzebnych do podawania herbaty i różnego rodzaju dodatków. Pierwsze europejskie czarki do herbaty były praktycznie naśladownictwem chińskich naczyń – nie miały uszek i były maleńkie, mieściły zaledwie dwie czy trzy łyżki stołowe herbaty. Pomiędzy latami 1650 a 1750 filiżanka do herbaty stała się wyższa i zyskała rączkę, zapożyczoną od filiżanki, a właściwie kubka (*mug*) w jakim wcześniej tradycyjnie pijano gorące mleko z winem i przyprawami. Aromatyczny napar szybko zdobywał miłośników, w XVIII w. herbata była już znana i lubiana niemal w całej Europie.

28 marca 1709 Johann Friedrich Böttger, alchemik elektora saskiego i króla Rzeczypospolitej Augusta II, wynalazł, a właściwie odtworzył, proces produkcji porcelany. Wyroby z królewskiej manufaktury w Miśni szybko zdobyły rozgłos dzięki pięknemu i dostosowanemu do europejskich gustów zdobieniu. Sekret wyrobu porcelany wykradły inne państwa europejskie. Szybko powstały manufaktury w Sevres, Limoges, Berlinie, Wiedniu, Ćmielowie i w Rosji. Porcelanę wyrabianą w Saksonii nazywano nawet „białym złotem", dlatego że zastępowała złoto jako królewski podarunek.

W XVIII i XIX stuleciu spodki były znacznie głębsze niż dziś i używano ich także do picia, nalewając do nich gorącego naparu z filiżanki. Z czasem picie herbaty stało się prawdziwą tradycją, odkąd księżna Bedford doszła do wniosku, że czas pomiędzy obiadem a kolacją szczególnie dobrze nadaje się do składania niezobowiązujących wizyt. Zapraszanie gości na obiad czy kolację było kosztowne i wymagało zachowania odpowiedniej etykiety, natomiast herbata, do której podawano skromne kanapki i ciasteczka, ułatwiała życie towarzyskie, nie zubożając przy tym kieszeni. Zwyczaj ten szybko przejęła także panująca podówczas królowa Wiktoria i w ciągu niewielu lat, na terenie całego imperium brytyjskiego od Australii po Szkocję, poddani brytyjskiej korony punktualnie o godzinie 5 po południu (*five o'clock*) tradycyjnie zasiadali do swojej filiżanki herbaty, tak że porę tę zwykło się nazywać *tea time*. W tradycji angielskiej herbata jest bowiem najlepszym remedium na wszelkie kłopoty i stresy, od miłosnego zawodu po... trzęsienie ziemi.

Duży popyt na herbaciane liście sprawił, że przedsiębiorczy Anglicy, a dokładniej przedstawiciele Wschodnio-Indyjskiej Kompanii Handlowej, mający monopol na handel na terenie Indii, doszli do wniosku, że uprawa herbaty mogłaby być doskonałym interesem. Warunki klimatyczne w Indiach i na Cejlonie powinny zdecydowanie sprzyjać uprawie herbaty, tym bardziej, że w tamtejszych lasach rosło dziko drzewo herbaciane (*a assamica*). Niestety Chińczycy pilnie strzegli sekretu uprawy herbaty, i dopiero po wielu skomplikowanych intrygach, w roku 1848, botanik Robert Fortune zdołał wykraść kilka sadzonek i nasion z chińskich plantacji i wyekspediować je do Indii, gdzie, jak się spodziewano, herbata znalazła doskonałe warunki bytowania. Dziś wielu Europejczykom herbata bardziej kojarzy się z Indiami niż z Chinami.

Herbata pośrednio wpływała także na losy współczesnego świata, wystarczy przypomnieć sobie słynną „bostońską herbatkę" (Boston tea party) w roku 1773, kiedy to wskutek podwyższenia cła na herbatę, w Bostonie doszło do wyrzucenia do morza całego transportu herbacianych liści, co spowodowało następnie ogólnokrajowe zamieszki i zwłaszcza, odłączenie się Stanów Zjednoczonych od korony brytyjskiej i proklamowanie republiki.

Na carskim dworze w Rosji era herbaty rozpoczęła się w 1618 r., kiedy to cesarz Chin przysłał w darze carowi Michałowi Romanowowi skrzynie herbaty, której walory w pełni doceniono szczególnie podczas srogich rosyjskich zim. W roku 1698 herbata stała się podstawowym przedmiotem handlu. Przewożono ją z Chin do Rosji karawanami traktem handlowym ze Wschodem, co wiązało się z potrzebą dobrej organizacji transportu. Początkowo przewożono ją traktem handlowym, który odegrał wielką rolę w ekonomicznym zbliżeniu tych dwóch państw i wszedł do historii jako „wielki szlak herbaciany". Na początku XVIII w. zaczął funkcjonować trakt moskiewsko-syberyjski, łączący Irkuck z Moskwą, który związał krainy leżące za Uralem z centralną częścią kraju. Dzięki temu na Syberię mogły docierać towary przemysłowe oraz poczta, a w odwrotnym kierunku przewożono futra, herbatę, a także złoto i srebro. Karawany tradycyjnie wyruszały z chińskiego miasta Kałgan, a następnie przez Mongolię podążały w stronę Syberii i Rosji. Od roku 1727 ważnym punktem na tej trasie była osada kupiecka zwana Kiachta, która stała się największym herbacianym centrum przez ponad 150 lat. Łączna długość szlaku herbacianego wynosiła 9000 – 10 000 km. Biorąc pod uwagę wielkość obrotów towarowych na tym trakcie, zajmował on drugie miejsce po szlaku jedwabnym. Karawany pokonywały trasę w czasie 16–18 miesięcy, co wpływało oczywiście na cenę herbaty. Z tego względu wkrótce zaczęto uprawiać herbatę także na wybrzeżach Morza Czarnego, gdzie klimat okazał się odpowiedni. Czas wędrówek z Indii skończył się wraz z otwarciem Kanału Sueskiego w Egipcie. Dostępna stała się krótsza droga do Chin, co oznaczało mniej kosztowny transport, a kiedy Rosja zakończyła budowę kolei transsyberyjskiej, wielbłądy znikły definitywnie z wydeptanych przez wieki szlaków. Podobno właśnie konieczność ułatwienia transportu herbaty była jednym z podstawowych powodów, dla których zainicjowano budowę słynnej kolei transsyberyjskiej, ukończonej w roku 1903.

Współcześnie w Rosji wiele syberyjskich biur podróży działających na terenie Tomska, Irkucka i Ułan Ude opracowuje plany wycieczek tzw. szlakiem herbacianym. Powstał także międzynarodowy projekt „Szlak herbaciany", mający na celu stworzenie turystycznej infrastruktury o wysokim standardzie w regionach, przez które niegdyś przechodziły karawany z herbacianymi liśćmi. W realizacji tego wielkiego przedsięwzięcia mają wziąć udział przede wszystkim Rosja oraz Mongolia. Trasa, zgodnie z historycznie wytyczonym szlakiem, przebiegać powinna przez Chiny, Mongolię, Buriację (od Kiachty do Ułan Ude) i dalej na zachód przez Irkuck, Omsk, Tomsk i Krasnojarsk.

Dzisiaj fachowcy herbaciani starają się odtworzyć smak dawnej rosyjskiej herbaty, dzięki ich staraniom powstała aromatyczna mieszanka „Rosyjska Karawana". W kulturze rosyjskiej dymiący samowar stał się jednym z nieodzownych atrybutów, niejako symbolem ogniska domowego.

POLSKIE ZWYCZAJE HERBACIANE

W Polsce pierwszą wzmiankę o herbacie można znaleźć w liście króla Jana Kazimierza do żony, Marii Ludwiki, z roku 1662. Król Jan zwrócił się do królowej z prośbą, aby zapytała swych francuskich przyjaciół „ile należy wziąć łyżeczek herbaty i cukru dla tych, co zechcą jej używać". Podobno także osobisty sekretarz królowej, Pierre de Noyers, pijał zawsze po obiedzie słodzoną herbatę, i mawiał, że wprawia go to w dobry nastrój. W Polsce zwyczaj picia herbaty upowszechnił się dopiero w wieku XIX, gdyż przez długi czas panowała opinia, że herbata w „czułych damach ma jakoby wywoływać podobne skutki, jakie sprawiają wina w mężczyznach".

Długo uważano ją za ziele lecznicze. Ksiądz Benedykt Chmielowski pisał, że „skutki tego ziela takie, że letkość głowy sprawuje, grube humory tłumi, żołądek posila, od kamieni prezerwuje i nań leczy, głowy ból uśmierza, torsje uspokaja oraz ociężałość oddala, krew zastanawia, na wrzody leczy". Jednak już w połowie XVIII wieku pijano u nas herbatę dla przyjemności, a sprowadzano ją zarówno z Anglii (panowała wówczas moda na wszystko co angielskie), jak i z Rosji. W czasach Stanisława Augusta w Warszawie zaczęto organizować tak zwane „herbatki tańcujące", choć nawet wśród arystokracji zdarzali się zagorzali przeciwnicy tego napoju. Kiedy po zaborach część Rzeczypospolitej znalazła się pod panowaniem Rosji, do Polski zaczęły napływać nieznane dotąd zwyczaje kulinarne. Na dworskich przyjęciach podawano słodzoną herbatę, ale chociaż przegrywała ona z kawą, gdyż w Królestwie Polskim podejmowanie gości herbatą uchodziło za przejaw skąpstwa, to jednak już na weselach u mniej zamożnych zastępowano nią kosztowne wina: szampana i węgrzyna. Z czasem, szczególnie na wschodzie kraju, herbata, nierzadko parzona w samowarach weszła na stałe do polskiego jadłospisu.

Na przełomie XIX i XX wieku spożycie herbaty w Polsce znacznie wzrosło. Zaczęto organizować specjalne „herbatki proszone", na których obowiązywał strój obiadowy lub koncertowy, a podręczniki savoir vivre'u doradzały, jakie dni tygodnia są najbardziej odpowiednie na ich wydawanie. W książeczce z 1903 r. zatytułowanej „Zwyczaje towarzyskie" pisano, że herbatę powinno serwować się w salonie między godziną dziesiątą a jedenastą rano, choć hołdowano także angielskiemu zwyczajowi popołudniowej herbatki. Ta popołudniowa herbata zastąpiła niezauważalnie od dawna obecne w polskiej tradycji podwieczorki. Na stole poza herbatą pojawiały się też ciasta i konfitury, a nawet – na wzór angielski – kanapki. Herbaty wzmacniano koniakiem, rumem czy popularnym wówczas, a dziś rzadko spotykanym arakiem. Czasami prawdziwą herbatę zastępowano ziołowymi wywarami. W okresie międzywojennym herbata cieszyła się dużym powodzeniem, popijał ją chętnie Józef Piłsudski, a jego żona słynęła z umiejętności parzenia tego aromatycznego napoju. Podczas II wojny światowej wskutek blokady handlowej Niemieckiej Rzeszy herbata niemal zupełnie znikła z polskiego jadłospisu. Po wojnie kultura picia herbaty w Polsce odżyła, jednak długo trwało, zanim przeciętny konsument zyskał możliwość zaspokajania swoich herbacianych gustów, jako że dostępnych było zaledwie kilka gatunków herbaty, stosunkowo niskiej jakości. Dzisiaj natomiast handel oferuje nam ogromny wybór różnych rodzajów i gatunków herbat. Dogadzając nawet najbardziej wyrafinowanym smakoszom.

CUDOWNA ROŚLINKA

Pod względem botanicznym herbata, bliska krewna pięknej kamelii, jest wiecznie zielonym małym drzewem lub krzewem, o intensywnie zielonych drobnych listkach i pięknych pachnących kwiatach. Botanicy wyróżniają dwa gatunki herbaty: powszechnie uprawianą herbatę chińską (łac. *Camellia (Thea) sinensis*) oraz tzw. herbatę indyjską (łac. *Camellia (Thea) assamica*), która jest wysokim drzewem o wyraźnie większych liściach. Indyjska odmiana odkryta została znacznie później – dopiero w 1835 r. wódz plemienia Singpho pokazał tę roślinę brytyjskiemu oficerowi. Obecnie herbata indyjska uprawiana jest na szeroką skalę w Indiach, Japonii, Indochinach, Birmie oraz na Cejlonie i Jawie. Najlepszego surowca herbacianego dostarczają górskie plantacje, położone na wysokości ponad 1000 m. n.p.m. w klimacie gorącym i wilgotnym. Krzew herbaty może osiągnąć wysokość nawet 10 m, jednak, ze względów praktycznych, na plantacjach jest znacznie przycinany. Średnio plonuje około 20–50 lat, choć żyć może i znacznie dłużej. Znane są drzewa herbaciane liczące sobie po kilkaset lat, a nawet okazy ponad tysiącletnie!

Krzewy herbaciane potrzebują silnego nasłonecznienia oraz sporej ilości opadów, dlatego mogą być uprawiane jedynie w klimacie tropikalnym i subtropikalnym. Najlepiej rosną na żyznej, lekko kwaśnej glebie na wysokościach do 1200 m n.p.m. Każdy krzew potrzebuje ok. 5 m^2 powierzchni.

Dla ambitnych miłośników domowych kwiatków herbata może być ciekawym uzupełnieniem kolekcji, choć nie jest ona tak ozdobna jak jej bliska kuzynka, ulubiennica naszych babek i prababek – kamelia. Po kilku latach herbata zakwita dość dużymi białymi, pięknie pachnącymi kwiatami. Niestety o domową uprawę obu tych roślin mogą się pokusić jedynie ci, którzy mają do dyspozycji przeszkoloną werandę lub nieogrzewany pokój, gdyż krzewy te – dla zdrowia – powinny zimować w chłodnym (ok. 10°C), ale jasnym pomieszczeniu. Latem natomiast herbata doceni świeże powietrze, choć wyraźnie szkodzi jej silna operacja słoneczna – w upalne dni wymaga cieniowania. Herbatę należy uprawiać w żyznej ziemi o kwaśnym odczynie i systematycznie, acz niezbyt obficie zasilać – rośliny silnie reagują zarówno na niedostateczne, jak i na nadmierne nawożenie. Podlewamy je przegotowaną, miękką wodą tylko wtedy, kiedy ziemia w doniczce lekko przeschnie. Po 2–3 latach możemy zacząć „podbierać" herbaciane listki i cieszyć się herbatką z własnej „plantacji" – krzewy herbaciane doskonale tolerują cięcie.

Do niedawna zbioru liści herbacianych dokonywano ręcznie, obecnie także i tutaj powoli wkracza mechanizacja.

HERBATY ZIELONE

Herbata zielona powstaje w wyniku suszenia bez fermentacji, dlatego też obfituje w garbniki, których cierpki smak działa orzeźwiająco. Japończycy wierzą, że zielona herbata zapewnia ludziom długie życie, jasność myślenia i aktywność umysłu aż do zaawansowanego wieku. Tradycyjna orientalna medycyna wymienia aż 61 dolegliwości, w leczeniu których herbata może być pomocna. Podobno chroni przed zawałem serca, łagodnie stymuluje krążenie, zapobiega zwężaniu się naczyń krwionośnych, obniża poziom cholesterolu, zmniejsza ryzyko zachorowań na chorobę nowotworową, wzmacnia zęby i kości, a także reguluje procesy trawienne. Wiadomo, że zawiera wiele witamin i mikro- oraz makroelementów. Zawarte w niej składniki wpływają także spowalniająco na procesy starzenia się organizmu. Na co dzień szczególnie docenia się działanie pobudzające i odprężające zielonej herbaty. Popijając ją, łatwiej się skoncentrować, szybciej można się nauczyć tekstu na pamięć. Przywykliśmy podczas intensywnej pracy wzmacniać koncentrację „małą czarną", która działa co prawda szybko, ale krótko. Działanie zielonej herbaty jest łagodniejsze, ale długotrwałe, a także zdrowsze dla organizmu. Jest to więc doskonały napój dla osób, od których wymaga się nieustannej jasności umysłu i aktywności.

GUNPOWDER (z ang. proch strzelniczy) – liście herbaty zwinięte są ciasno w małe kulki, przypominające proch strzelniczy; rozwijają się podczas parzenia herbaty. Zalewamy liście wodą o temperaturze 70°C i parzymy ok. 4 minut. Zawiera stosunkowo niewiele teiny, można więc pić ją wieczorem.

CHUN MEE (Drogocenne Brwi) – kształt listków przypomina nieduże brwi. Dzięki większej zawartości teiny odznacza się intensywniejszym i mocniejszym smakiem. Należy parzyć 3–4 minuty w temperaturze 70°C. Można pić ją przez cały dzień, wielokrotnie zaparzając.

NATURAL LEAF – charakteryzuje się delikatnym smakiem, dlatego polecana jest dzieciom. Zawiera najmniej teiny wśród zielonych herbat. Pije się ją słabą, parząc przez 2–3 minuty w temperaturze 50°C.

MATCHA – wykwintny gatunek, puder herbaciany (listki zmielone) wykorzystywany w japońskiej ceremonii picia herbaty. Napar charakteryzuje się intensywnym zielonym kolorem. Idealna do napoi i deserów. Zawiera wiele witamin. Zalewa się ją prawie wrzącą wodą i szybko miesza trzepaczką (tradycyjnie zrobioną z bambusu).

GENMAICHA – herbata wymieszana z prażonym brązowym ryżem i kukurydzą. Stymuluje proces trawienia. Zalewa się wodą o temperaturze 90°C i parzy przez 1–2 minuty.

LUNG CHING (Studnia Smoka) – nazwa pochodzi od ruchów (przypomina-

jących smoka), które wykonują liście podczas parzenia. Ma łagodny smak. Jedna z najstarszych odmian. Podawana przed mnichów miała odpędzać złe myśli. Zawiera dużo witaminy C i aminokwasów, a dzięki zawartości ogromnej ilości katechin ma działanie antynowotworowe. Zalewa się wodą o temperaturze 70°C i zaparza 3–5 minut.

SENCHA – bardzo popularna odmiana o intensywnym smaku. Posiada silne właściwości antynowotworowe oraz zapobiega wzrostowi poziomu cukru we krwi. Zaparza się ją w temperaturze 80°C przez 2–3 minuty. Nadaje się do wielokrotnego parzenia. Jedną z jej najlepszych odmian jest Gyokuro, która wpływa dobrze na układ nerwowy i stymuluje pracę mózgu. Należy parzyć ją w niższej temperaturze (50°C).

GYOKURO (Drogocenna Rosa) – to herbata najwyższej jakości, uważana za najlepszą zieloną herbatę na świecie. Przygotowuje się ją z pierwszych młodych listków, zrywanych z najlepszych krzewów podczas pierwszego, wiosennego zbioru. Jak dowodzą Japończycy Gyokuro wpływa szczególnie korzystnie na układ nerwowy i stymuluje pracę mózgu. Jest ona uprawiana w dosyć kosztowny sposób – aby słońce nie niszczyło garbników i teiny, w momencie zawiązywania pączków cała plantacja zostaje przykryta na 3 tygodnie matami bambusowymi i trzcinowymi względnie płachtami z płótna. Gyokuro należy zaparzać w niższej temperaturze (50°C). Ma mocniejszy, bogatszy i mniej gorzki smak niż sencha. W Japonii tradycyjnie podaje się do niej małe, słodkie ciasteczka.

BANCHA – wytwarzana z liści z późnego zbioru. Bogata w wapń i żelazo. Ze względu na niską zawartość teiny jest odpowiednia dla dzieci.

HERBATY CZARNE

Najlepiej nam znana czarna herbata otrzymywana jest w wyniku czterech procesów – więdnięcia, skręcania, fermentacji i suszenia. Zwiędnięte i zwinięte liście herbaty puszczają sok, co z kolei sprzyja utlenianiu i przemianie części garbników w związki aromatyczne, podczas gdy liście nabierają charakterystycznego, ciemnobrunatnego zabarwienia. Wskutek fermentacji herbata nabiera intensywnego aromatu i staje się mniej cierpka niż herbata zielona. Legenda głosi, iż czarna herbata powstała przypadkowo, w wyniku zamoknięcia (powodującego fermentację) ładunku zielonej herbaty, przewożonej kliprem do Anglii. Chińczycy nazywają je „czerwonymi herbatami", od koloru naparu, który jest zazwyczaj czerwonopomarańczowy. Europejczycy nadali im nazwę „czarnych herbat" ze względu na barwę liści, które ciemnieją podczas fermentacji.

Istnieje wiele różnych systemów określających jakość herbaty. Jeden z najbardziej znanych stosowany jest w Indiach i uzależnia jakość herbaty od jakości i wielkości liści zawartych w danym produkcie. Najbardziej wartościowe gatunki herbat liściastych składają się głównie z pąka i dwóch najmłodszych i najdelikatniejszych liści herbaty (*pekoe*). Słowo pekoe pochodzi z języka chińskiego i oznacza biały, ponieważ taką barwę mają pąki liściowe herbaty. Za najlepsze uchodzą herbaty określane jako Flowery Orange Pekoe (FOP), ustępują im Orange Pekoe (OP), Pekoe i Suchong. Gorsze gatunki zawierają też liście starsze (Suchong). Za niższe jakościowo uważa się herbaty wyprodukowane z fragmentów liści, czyli herbaty łamane (Broken), czy wręcz z pyłu pochodzącego z przesiewania herbaty w celu uzyskania frakcji o jednakowych wymiarach liści. Najlepsze herbaty z łamanych liści określa się: Broken Orange Pekoe (BOP), Broken Orange Pekoe Fannings (BOPF) i Broken Pekoe (BP). Natomiast najdrobniejsze herbaty określane są jako Fannings i Dust. Są one najczęściej używane do produkcji różnego rodzaju herbat ekspresowych.

W handlu dostępne są również herbaty aromatyzowane, których produkcja przebiega tak samo jak innych herbat, z tym że w końcowej fazie dodawane są do nich odpowiednie aromaty – mogą to być esencje owocowe, płatki kwiatów, olejki eteryczne czy przyprawy korzenne. Zawsze jednak podstawowym składnikiem herbaty aromatyzowanej są, podobnie jak w przypadku herbat „klasycznych", liście herbaty.

Herbaciane liście są bogate w alkaloid teinę, która, podobnie jak kofeina, ma właściwości pobudzające. W przeciwieństwie jednak do kofeiny teina działa łagodniej i dlatego nie ma niekorzystnego wpływu na serce i układ krążenia. Dzięki teinie natomiast po wypiciu filiżanki herbaty nasze samopoczucie ulega poprawie. Herbata zawiera także w niewielkich ilościach metyloksantyny: teofilinę i teobrominę, które mają działanie łagodnie pobudzające i lekko moczopędne. Z innych związków znajdujących się w herbacie można wymienić zasady purynowe, sole mineralne, witaminy B_2, B_6 i K, olejek eteryczny i polifenole (flawonoidy – żółte barwniki roślinne oraz garbniki). Właśnie na zawarte w herbacie polifenole naukowcy zwracają ostatnio coraz więcej uwagi, gdyż wywierają one dobroczynny wpływ na ludzki organizm, m.in obniżają stężenie cholesterolu we krwi (zwłaszcza frakcji LDL i trójglicerydów). Polifenole wykazują także znacznie silniejsze działanie przeciwutleniające, czyli neutralizujące wolne rodniki, powodujące uszkodzenia komórek i tkanek niż ogólnie znane antyutleniacze, jakimi są witamina C i witamina E. Przypisuje im się także działanie przeciwnowotworowe. Badania naparów herbacianych wykazały, że najwięcej związków flawonowych uwalnia się w ciągu pierwszych dwóch minut parzenia. Najbogatsza we flawonoidy jest herbata zielona, niefermentowana. Uważa się, że regularnie pita może zapobiegać rakowi piersi, żołądka, jelita grubego, płuc oraz prostaty. Co prawda wiadomo, że składniki flawonowe herbaty mogą zaburzać wchłanianie żelaza, jednak zjawisko to dotyczy tylko tzw. żelaza niehemowego pochodzącego z produktów roślinnych i to tylko wtedy, kiedy herbata i produkty roślinne spożywane są jednocześnie, a przecież mało kto popija herbatą szpinak, czy dodaje do szklanki napoju natkę pietruszki. Herbata nie ma wpływu na wchłanianie żelaza hemowego z mięsa, drobiu i ryb. Niemniej, herbaty nie powinno się raczej pijać do obiadu. Napar herbaciany jest również cennym źródłem fluoru, który wzmacnia nasze zęby i zapobiega rozwojowi próchnicy. Wspomniane już wyżej garbniki herbaciane działają ściągająco i przeciwzapalnie na błonę śluzową, przez co hamują rozwój bakterii w jamie ustnej.

Herbata, pomimo swojego bogactwa różnych związków, nie może nam jednak zastąpić owoców i warzyw, które zawierają liczne, inne niezbędne dla każdego człowieka składniki. Wiadomo, że dieta bogata w warzywa i owoce ma istotny związek z niższym ryzykiem rozwoju chorób układu krążenia i nowotworów i tę prawdę każdy dbający o swoje zdrowie człowiek musi poznać. Herbata, dzięki swoim naturalnym antyoksydantom, jest natomiast bardzo dobrym jej uzupełnieniem.

YUNNAN – w Europie uważana za najcenniejszą chińską czarną herbatę, pochodzi z górzystej prowincji o tej samej nazwie. Jej liście mają barwę głębokiej czerwieni, a pączki złotawy odcień i szlachetny aromat. Dają one napar o łagodnym, słodkawym smaku, który długo pozostaje w ustach. Parzy się ją 4 minuty. Istnieje także bardzo ceniona zielona odmiana tej herbaty.

KEEMUN – uprawiana od XIX wieku herbata pochodzi z chińskiej prowincji Anhui. Ma krótkie i brązowe listki, dające napar o intensywnej jasnoczerwonej barwie i łagodnym posmaku słodkiej czekolady. Zawiera mniej niż inne odmiany garbników. Parzenie: 4 minuty.

ASSAM – ta czarna herbata pochodzi z regionu Assam (północno-wschodnie Indie), gdzie zbiera się ją od wiosny do września. Pionierami uprawy herbaty w tym rejonie byli dwaj Anglicy, bracia Bruce, którzy przywieźli tu sadzonki z Chin. Oryginalne herbaty Assam występują w różnych odmianach, od barwy pomarańczowej do ciemnoczerwonej. Dzięki dużej zawartości garbników mają zdecydowany, dość cierpki smak i dużą moc, a także silny aromat, choć nie wszystkim odpowiada wyraźny słodowo-torfowy posmak. Liście łatwo rozpoznać po podłużnym kształcie. Charakteryzuje się słodowo-torfowym posmakiem, mocnym i aromatycznym. Typowa herbata śniadaniowa doskonale smakuje z mlekiem lub śmietanką.

DARJEELING – herbata o subtelnym muszkatołowym smaku jest często nazywana „szampanem" wśród czarnych herbat. Uprawiana jest w okolicach Darjeeling, na górskich zboczach Himalajów. Jej zbiory odbywają się na początku i pod koniec wiosny oraz na jesieni. Herbata ta ma też swoją odmianę zieloną coraz częściej uprawianą w okolicach Darjeeling, na zboczach Himalajów, skąd wzięła nazwę. Doskonała zarówno podana bez dodatków, jak i z mlekiem albo cytryną. Świetna także na zimno. Podobno pasuje także do pikantnych curry. Czas parzenia: 3–4 minuty.

HERBATY CEJLOŃSKIE – pochodzą z pięciu regionów wyspy Sri Lanka (dawniej – Cejlon). Występują pod różnymi postaciami: czarnych liści przypominających plecionkę, czasem rozgałęzionych, małych i rozdrobnionych listków w kolorze ciemnobrunatnym lub czarnym, często stosowanych w produkcji herbat ekspresowych. Ich najpopularniejsze odmiany to CEYLON, CHING WO – herbata o delikatnym smaku, szczególnie smaczna z cytryną, oraz DIKOYA, która, zdaniem Anglików, pełnię smaku objawia w połączeniu z mlekiem i doskonale smakuje na zimno. Herbaty te charakteryzuje duża moc i silny aromat, są one szczególnie cenione w Wielkiej Brytanii. Dają napar o intensywnej barwie – od pomarańczowej do ciemnomiedzianej. Herbaty cejlońskie zawierają dużo garbników i szybko się je zaparza. Najdrobniejsze herbaty cejlońskie parzy się tylko przez 2 minuty, a te o dużych listkach – 3–4 minuty.

HERBATY AFRYKAŃSKIE – mimo iż w gorącej i suchej Afryce warunki klimatyczne nie sprzyjają zbytnio lubiącym wilgoć herbacianym krzewom, ten kontynent, a szczególnie Kenia, jest już obecnie znaczącym eksporterem herbaty. W Kenii najlepsze plantacje znajdują się na wysokości od 1600 do 3000 m n.p.m., w rejonie znanym jako Kenya Highlands. Rejon ten posiada szczególnie sprzyjający herbacie mikroklimat z odpowiednią ilością opadów, co zawdzięcza pobliskiemu Jezioru Wiktorii. Zbiory przeprowadza się przez cały rok. Kenia jest jedynym afrykańskim producentem herbaty typu broken. Uprawy herbaty znajdują się także w Kamerunie, Tanzanii, Malawi i RPA.

Czarną herbatę powinno się zalewać wyłącznie wrzącą wodą (100°C). Najczęstszym błędem popełnianym podczas przyrządzania czarnej herbaty jest użycie wody o zbyt niskiej temperaturze. Herbatę powinno się zaparzać 3–5 minut.

HERBATY WĘDZONE (DYMNE) – ich najbardziej znaną przedstawicielką jest LAPSANG SOUCHONG – ponoć ulubiona herbata księcia Walii. Mianem *souchong* określa się herbatę o dużych liściach, które zwija się podłużnie, otrzymując nierówne kawałki. W procesie produkcji liście więdną w dymie, są podgrzewane w rondlach i zwijane. Później ubija się je ciasno w beczułkach i nakrywa specjalnymi chustami. Po zakończeniu fermentacji liście są „palone" i zwijane, po czym suszy się je w dymie z ognisk sosnowych. Długie listki tej herbaty dają napar o dymnym aromacie i smaku oraz czerwonej barwie. Najlepsze herbaty pochodzą ze wzgórz północnej części Fujian. Zdaniem smakoszy herbata ta najlepiej „pasuje" do typowego, obfitego angielskiego śniadania i do potraw rybnych. Niewielki dodatek lapsanga natomiast może okazać się doskonałym uzupełnieniem aromatycznych mieszanek, dobrze komponuje się np. z herbatami Assam, uzupełniając ich aromat ciekawą dymną nutą.

Herbaty dymne zalewa się wrzącą wodą i parzy zwykle dość długo: 5–7 minut.

HERBATY CZERWONE

Herbaty czerwone to herbaty półfermentowane, w ich produkcji proces fermentacji zostaje zatrzymany na pewnym etapie, można by je określić jako pośrednie ogniwo pomiędzy czarnymi a zielonymi herbatami. Ich ojczyzną są

Chiny kontynentalne i Tajwan, gdzie plantacje znajdują się na północy i północnym wschodzie wyspy. W Chinach proces utleniania zachodzi w 12–15%, a na Tajwanie, gdzie produkuje się je od dwóch stuleci, dochodzi nawet do 70%. Od dawna te herbaty są bardzo cenione w Stanach Zjednoczonych i zyskują też coraz większe uznanie Francuzów. W krajach europejskich są jednak ciągle jeszcze mało znane.

Zazwyczaj herbaty czerwone posiadają, nie przez wszystkich lubiany, aromat wilgotnej ziemi i nieco drażniący smak (niektórzy określają go jako „tabakowy"), jednak ich działanie zdrowotne jest wyjątkowo silne. Herbaty półfermentowane mają znacząco obniżać poziom „złego" cholesterolu i skutecznie oczyszczać organizm, usprawniając usuwanie toksyn. Wyższa niż w innych herbatach zawartość związków flawonoidowych sprawia, że czerwona herbata polecana jest osobom ze zmianami miażdżycowymi. Flawonoidy uszczelniają i wzmacniają ściany naczyń krwionośnych. Mają też działanie moczopędne i poprawiają krążenie. Czerwona herbata pomaga obniżyć ciśnienie. Działa uspokajająco. Zalecana jest przy wahaniach nastroju oraz depresjach.

POUCHONG/PUSZONG – herbata o najkrótszym czasie fermentacji. Wykorzystywana w produkcji herbat aromatyzowanych, np. jaśminowej.

OOLONG LUB WULONG, ULUNG – (Czarny Smok) uważana jest za jedną z najlepszych herbat w Chinach, poddawana jest krótkiej fermentacji – proces fermentacji przebiega w około 20%, dzięki czemu liście nie są połamane ani pozwijane i mają czerwone zabarwienie na brzegach. W przeciwieństwie do innych herbat najlepszy oolong uzyskuje się z długo dojrzewających liści. Liście dojrzewają nawet do 60 lat.

Mówi się, że w imbryku przyjmują one postać smoka, stąd herbaty »oolong« nazywa się także »smoczymi herbatami«. Znane są ze swego drzewnego aromatu, łagodnego, owocowego smaku i wyraźnego posmaku brzoskwini, jaki pozostawiają w ustach. Liście oolonga po częściowej fermentacji są wielokrotnie suszone, a ich napar jest koloru czerwonego. Za najlepsze uznawane są Oolongi z Tajwanu, podczas gdy oolongi chińskie w smaku zbliżają się do herbat zielonych. Herbaty produkowane w Tajlandii mają dłuższy proces fermentacji i są ciemniejsze.

Pierwsze parzenie (90°C) powinno trwać 3–4 minuty, kolejne należy stopniowo wydłużać. Ponieważ są to liście w całości, powinno się je parzyć w imbrykach, by liście miały więcej miejsca.

Najbardziej poszukiwane gatunki to: biało nakrapiana Oolong Fancy oraz Dong Ding, której nazwa pochodzi od pasma górskiego, gdzie jest uprawiana.

Parzenie tych herbat trwa 6–8 minut. Trzeba pilnować, aby liście pływały swobodnie w czajniczku, gdyż w trakcie zaparzania podwajają, a nawet potrajają swoją objętość. Jeśli są ściśnięte, nie wydzielają aromatu. Kolor naparu jest bladożółty.

PU-ERH – od kilku lat zdobywa coraz większą popularność w naszym kraju, jest nawet znana jako »pożeracz tłuszczu«. Jest to herbata, która przechodzi dodatkowy proces fermentowania i leżakowania. Pochodzi z południowych prowincji Chin i Tajwanu. W chińskiej prowincji Yunnan rośnie ponoć ponad 2000-letnie drzewo zwane qingmao, z którego do dziś wytwarza się czerwone herbaty o najwyższej jakości. To potężne drzewo ma 32 metry wysokości i ponad 1 metr średnicy. Herbata Pu-Erh była znana już za czasów dynastii Tang (VII–X wiek), choć wówczas mógł pijać ją tylko cesarz.

Wyjątkowe działanie czerwonej herbaty związane jest z wieloletnim procesem leżakowania, w czasie którego w liściach powstają związki wzmacniające ściany naczyń krwionośnych i wykazujące działanie spowalniające zmiany miażdżycowe. Poza tym w herbacie Pu-Erh występują liczne związki pobudzające metabolizm tłuszczowy, co ma sprzyjać redukcji masy ciała. Jednak jest to działanie zależne indywidualnie od organizmu. Niemniej Pu-Erh, podobnie jak pozostałe herbaty czerwone, reguluje pracę przewodu pokarmowego i wspomaga pracę wątroby. Herbata Pu-Erh ma ponadto przyspieszać trawienie alkoholu i powrót do jasności umysłu, dlatego też ma być jednym z najbardziej skutecznych środków na „kaca". Czerwoną herbatę można parzyć wielokrotnie. Należy pić ją bez dodatków, gdyż cukier lub mleko powodują utratę jej zdrowotnych właściwości.

Sposób parzenia

Na jedną filiżankę sypiemy niepełną łyżeczkę herbaty. Listki zalewamy wrzątkiem i parzymy 2–7 minut w zależności od upodobań.

HERBATA BIAŁA

Biała herbata otrzymywana jest z pączków i listków zbieranych ręcznie wczesną wiosną, kiedy nierozwinięte jeszcze listki i pączki okryte są srebrno-białym meszkiem nadającym tej herbacie srebrzyste, niemal białe zabarwienie. Herbata ta nie jest fermentowana, tylko od razu suszona, dzięki czemu jej napar ma jasny kolor oraz delikatny smak i aromat, jest o wiele łagodniejsza dla podniebienia niż herbata zielona.

Biała herbata produkowana jest w Chinach w ograniczonym zakresie i wysoko ceniona przez smakoszy herbaty. Zawiera najwięcej polifenoli ze wszystkich herbat i wykazuje najsilniejsze działanie antyoksydacyjne. Cesarz Hui Hon nazwał ją „apoteozą elegancji". Zarezerwowana była dla rodów arystokratycznych. Historia białej herbaty sięga X wieku naszej ery. Wówczas zbierały ją czternastoletnie dziewczynki. Nie mogły podczas zbiorów rozmawiać i codziennie zmieniały jedwabne rękawiczki, by nie uszkodzić listków i pąków. Do jej produkcji zbiera się tylko pączek oraz pierwszy i drugi listek wierzchołkowy. Zbierana jest ręcznie raz do roku. Krzewy przeznaczone na białą herbatę często dodatkowo chronione są przed słońcem, aby nie wytworzyły się cząsteczki chlorofilu.

Uważa się, że biała herbata ma najsilniejsze właściwości antymutogenne ze wszystkich herbat (trzykrotnie większe niż zielona herbata), dzięki czemu zapobiega rakowi. Obniża poziom złego cholesterolu, dzięki zawartej w niej teinie wspomaga koncentrację, pobudza i orzeźwia. Polecana jest szczególnie na lato jako orzeźwiający napój. Poprawia krążenie krwi. Zwana jest „eliksirem młodości". Wysusza wolne rodniki, które powodują zmarszczki. Ostatnio wzbudziła zainteresowanie koncernów farmaceutycznych i na rynku pojawiły się kosmetyki z jej zawartością. Oprócz zapobieganiu zmarszczkom, doskonale nawilża i rozświetla cerę.

Na jedną filiżankę powinno się przeznaczyć około jednej łyżeczki herbaty. Białą herbatę zalewa się wodą o temperaturze 85°C i parzy 5–10 minut. Można ją parzyć nawet trzykrotnie.

PAI MU TAN (Biała Piwonia) – zwinięte liście pokryte są srebrnym puszkiem. Ma delikatny gorzkawy smak i winogronowy aromat. Należy ją parzyć do 10 minut.

YIN ZHEN (Srebrna Igła) – najbardziej ceniona herbata na świecie. Składa się przede wszystkim z pączków, dlatego też jej cena jest tak wysoka, a właściwości przypisywane białym herbatom najsilniejsze. W XII wieku przeznaczona była wyłącznie dla cesarza i jego dworu. Można ją parzyć do 15 minut. Jej napar jest prawie bezbarwny, ma świeży, słodko-kwaśny smak.

HERBATA ŻÓŁTA

Żółta herbata praktycznie nie jest dostępna w Polsce z uwagi na bardzo ograniczoną podaż i wysoką cenę. Warto jej jednak skosztować, ponieważ oczarowuje subtelnym smakiem i przenosi wyobraźnię do pałacu chińskiego cesarza, gdzie pijało się ją wyłącznie w czasie ważnych uroczystości.

Jest wytwarzana w Chinach z młodych listków oraz pączków, które poddawane są fermentacji krótszej niż w procesie otrzymywania herbaty czerwonej. Jest to również herbata dla smakoszy tego napoju.

Dawniej dostępna była tylko dworowi cesarskiemu, dziś także pija się ją tylko w czasie uroczystości i świąt. Nazywana jest herbatą cesarską (żółty był kolorem cesarza). Produkuje się ją do dziś według tajemnej receptury. Wiadomo, że poddaje się ją dodatkowemu procesowi fermentacji, który nagle jest przerywany. Zaraz po zbiorach prawdopodobniej jest podgrzewana na metalowych patelniach. Jednym z tradycyjnych sposobów wywoływania jej fermentacji było pakowanie jej w liść bambusu. W wyniku tego procesu miała otrzymywać delikatny zapach bambusu.

Uznawana jest za najsmaczniejszą z herbat ze względu na subtelny smak oraz aromat. Choć wyglądem liści przypomina wysokogatunkowe herbaty zielone, jej charakterystyczną cechą jest bladoróżowa barwa naparu. Uważa się, że usprawnia usuwanie toksycznych substancji z organizmu. Działa stymulująco na układ pokarmowy. Ze względu na małą zawartość teiny (0,35%) można pić ją przed snem. Działa odprężająco i relaksująco.

Zaparzamy 1 łyżeczkę na 200 ml wody w temperaturze 80–90°C i parzymy 3–5 minut.Większość żółtych herbat powinno się parzyć tylko raz, choć część odmian nadaje się do kilkukrotnego parzenia.

JUNSHAN YINZHEN (Żółte Igły) – nazwę zawdzięcza swemu podobieństwu do białej herbaty Yinzhen (Srebrna Igła). Ekskluzywna odmiana, bardzo poszukiwana przez koneserów. Była ulubioną herbatą Mao Tse Tunga. Można ją parzyć trzykrotnie w temperaturze 85°C.

HUOSHAN HUANGYA – jej tradycja sięga czasów dynastii Ming i Qing. Podobno receptura, według której ją wytwarzano, zaginęła i odkryto ją ponownie w połowie XX wieku. Można ją zaparzać trzykrotnie.

HUANG DA CHA – herbata produkowana według buddyjskiej receptury. Odznacza się korzennym delikatnym aromatem. Mniej znane odmiany to Da Ye Qing, Huang Tang oraz Meng Ding Huangya. Odmiany białej herbaty należą do najdroższych herbat świata. Uważana jest za napój arystokratyczny, a dzięki jej właściwościom zwie się ją „eliksirem młodości".

A jednak są i wady

Jednak od dawna znane są także i pewne niekorzystne skutki picia herbaty. Negatywny wpływ ma głównie nadmierne spożycie teiny wywołujące efekt podobny do nadmiernego spożycia kawy. Według naukowców bezpieczną dawką jest 5 filiżanek herbaty dziennie. Zbyt duża ilość teiny powoduje uczucie nerwowości i rozdrażnienia. Wypita przed snem może utrudniać zasypianie.

Według niektórych specjalistów spożywanie mocnej czarnej herbaty w dużej ilości może powodować żółknięcie zębów. Nie każda wątroba toleruje duże ilości mocnej herbaty i jest to uwarunkowane genetycznie.

HERBATY KWIATOWE

Historyczne źródła dowodzą, że w Chinach herbatę aromatyzowano płatkami kwiatów już wiele wieków temu. Najczęściej robiono mieszanki herbat czarnych i Oolong z pączkami lub płatkami kwiatów. Przed suszeniem do herbacianych liści dodawano 25–30% kwiatów.

Najpopularniejszą herbatą kwiatową jest **HERBATA JAŚMINOWA**, popularna w Chinach już od czasów dynastii Sung (960–1279). Przygotowuje się ją na bazie herbaty zielonej lub Oolong, dodając świeżo zebrane kwiaty jaśminu (nie jaśminowca!), pomarańczy oraz kamelii. Jeżeli po jednokrotnym parzeniu chcemy ją ponownie zaparzyć następnego dnia, należy usunąć kwiaty, gdyż w przeciwnym razie herbata nabierze goryczki. Herbata ta ma zazwyczaj mocny kwiatowy aromat, który nie każdemu odpowiada.

Poza tym do popularnych herbat kwiatowych należą:

HERBATA RÓŻANA – dodaje się do niej kwiaty róż zebrane wiosną o świcie, gdy pokryte są jeszcze rosą. Pączki i płatki kwiatów miesza się z liśćmi czerwonej herbaty.

HERBATA CHRYZANTEMOWA – przygotowuje się ją na bazie herbaty Pu-Erh, do której dodaje się pączki chryzantem. Uznaniem cieszą się też herbaty z kwiatami lotosu, gardenii, a nawet orchidei.

MIESZANKI HERBACIANE

Należy pamiętać, że to, co często ofiaruje nam handel jako „markową" herbatę w istocie jest mieszanką różnych rodzajów herbat, odpowiednio dobranych i nierzadko aromatyzowanych.

EARL GREY – tradycyjna mieszanka herbat chińskich albo chińskich i indyjskich aromatyzowanych esencją owocu bergamoty – rodzaju pomarańczy. Cieszy się ona niewiarygodnym powodzeniem i istnieje w wielu odmianach, z użyciem herbaty chińskiej, Darjeeling, cejlońskiej, Silver Tip i herbaty dymnej. Zmienna jest ilość bergamoty, co wpływa w znacznej mierze na jakość herbaty – zbyt wiele sprawia, że napar ma smak mydlany; zbyt mało – można by pić z powodzeniem niearomatyzowaną herbatę. Natomiast właściwa proporcja pozwala uzyskać napój o ożywczym, cytrusowym aromacie, który nadaje się do podawania razem z ciastem lub deserami.

ENGLISH BREAKFAST – czyli angielska śniadaniowa. Tego rodzaju herbata ma towarzyszyć tradycyjnemu angielskiemu śniadaniu, z udziałem tłustych, smażonych potraw o wyrazistym smaku.

IRISH BREAKFAST – irlandzka śniadaniowa. Irlandczycy tradycyjnie preferują herbatę mocną i ciemną, a zatem mieszanki o tej nazwie zawierają bogate, smakujące słodem Assamy, niektóre z dodatkiem herbat afrykańskich i indonezyjskich.

FIVE O'CLOCK TEA – mieszanka popołudniowa. Są to z reguły lżejsze gatunki zmieszane z herbatami Darjeeling, Formosa, chińską oraz lżejszymi cejlońskimi, czasem ze słabą nutą jaśminu czy bergamotki.

ROSYJSKA KARAWANA – aby odtworzyć smak preferowany przez Rosjan pijących chińską herbatę przewożoną przez wielbłądy od granicy rosyjsko-chińskiej, używa się do mieszanki o tej nazwie herbat czarnych lub Oolong z Chin czy Formosy, z niewielkim dodatkiem dymnej Lapsang Souchong albo Tarry Souchong.

LADY LONDONDERRY – śniadaniowa mieszanka będąca ponoć osobistym wynalazkiem słynnej angielskiej damy żyjącej na przełomie XIX i XX stulecia. W jej skład wchodzą czarne herbaty z Chin, Indii i Formozy. Mieszanka ta najlepiej smakuje bez żadnych dodatków.

QUEEN MARY – mieszanka niegdyś specjalnie selekcjonowana dla angielskiej królowej z czarnych herbat pochodzących z północy Indii. Ma delikatny, muszkatołowy smak i można ją pić przez cały dzień, także z mlekiem albo cytryną.

HERBATA W TOREBKACH

Pomysł torebki herbacianej wziął się podobno od małych jedwabnych torebek z próbkami, rozsyłanych w 1908 r. do potencjalnych klientów przez nowojorskiego importera herbaty, Thomasa Sullivana. Jedwab został z czasem zastąpiony przez gazę, a ta z kolei przez papier. Papier używany do produkcji torebek ekspresowych wyrabiany jest z takich surowców, jak konopie manilskie, miazga drzewna i sztuczny jedwab. W 1965 r. używalność torebek wynosiła ok. 7%, a obecnie w niektórych krajach przekracza nawet 90%.

HERBATA MROŻONA

Pomysł mrożonej herbaty zrodził się na światowych targach handlowych w St. Louis w 1904 r. Akurat w tym okresie temperatura powietrza była niezwykle wysoka, a choć Brytyjczycy zawsze doceniali gaszące pragnienie właściwości herbaty, Amerykanie zignorowali ją całkowicie, rozglądając się za zimnymi napojami. Zdesperowany Richard Blechynden, który bardzo pragnął sprzedać swój produkt, napełnił szklanki kostkami lodu i wlał tam herbatę, która szybko zyskała uznanie w tej postaci. Do przygotowania herbaty mrożonej wybieramy herbatę cejlońską lub chińską Keemun. Odmierzamy dwukrotnie większą ilość listków i zaparzamy je, jak zwykle w czajniczku. Następnie należy herbatę odcedzić i posłodzić do smaku. Napełniamy szklankę kostkami lodu i nalewamy na nie gorący napar. Przed podaniem dorzucamy kilka zgniecionych listków mięty lub kwiatów ogórecznika oraz plasterek cytryny albo pomarańczy. Można również zaparzyć podwójnej mocy herbatę, którą następnie cedzi się, słodzi i chłodzi w lodówce przez kilka godzin albo nawet przez noc, po czym serwuje się z kostkami lodu i przybraniem.

PRODUKTY HERBATOPODOBNE

ROOIBOS (Czerwonokrzew)
Rooibos (Rotbush) to nie herbata, choć ten aromatyczny napar nierzadko bywa mylnie kojarzony z czerwoną herbatą. Otrzymywana jak wszystkie herbaty z liści rośliny *Camellia sinensis*. Rooibos, uznany za narodowy napój Południowej Afryki, w języku Afrykanów oznacza dosłownie „czerwony krzew". Tak też określa się roślinę o łacińskiej nazwie *Aspalathus Linearis* – aspalat prosty. Jest to spory, miotlasto rozgałęziony krzew o ciemnoczerwonych gałęziach (stąd nazwa), liściach przypominających sosnowe igły i motylkowatych żółtych kwiatach. Czerwonokrzew występuje w Afryce Południowej, i jest uprawiany w górach Cedarberg niedaleko od Kapsztadu. Napar sporządza się z suszonych liści, pociętych na 1–2-milimetrowe kawałeczki i poddanych fermentacji.

Rooibos ma charakterystyczny, miodowy, łagodny smak i złocisty kolor, brak mu natomiast typowego dla czerwonych i zielonych herbat posmaku goryczy, powodowanego przez garbniki, które w naparze z czerwonokrzewu nie występują, podobnie jak kofeina. Może być zatem bez obaw podawany dzieciom i można popijać go „do poduszki", bez strachu, że skaże nas to na bezsenność. W południowoafrykańskiej kuchni naparu z Roiboosu używa się do gotowania i pieczenia (zastępuje on z powodzeniem wodę lub mleko), nierzadko służy do przyrządzania nawet pikantnych sosów, którym nadaje charakterystyczny miodowy aromat. W Afryce Południowej Rooibos jest nawet zalecany kobietom w ciąży, gdyż obfituje w żelazo i zapobiega mdłościom, oraz karmiącym matkom, ponieważ ma ponoć pobudzać laktację. Podobnie jak herbata zawiera też sporą porcję przeciwutleniaczy, przez co wywiera korzystny wpływ na układ odpornościowy, obniża ciśnienie krwi, działa regenerująco na śluzówkę przewodu pokarmowego, spowalnia proces starzenia i hamuje produkcję komórek nowotworowych. Nie zawiera kwasu szczawiowego, więc jest bezpieczny dla osób mających kamienie nerkowe. Korzystnie oddziałuje także na układ pokarmowy i z powodu właściwości rozkurczających, polecany jest przy biegunkach, zaparciach i bólach brzucha oraz kolkach niemowlęcych.

Dokładniejsze badania wykazały, że napar Rooibos zawiera także witaminę C oraz przeciwalergiczną kwercetynę, zapobiega miażdżycy oraz działa przeciwzakrzepowo, a także może być polecany osobom chorym na cukrzycę. I wreszcie – ostatnio uznano, że zawiera substancje, które stymulują wydzielanie hormonu szczęścia – serotoniny. Polecany jest więc w leczeniu depresji i wahań nastroju. Okłady z naparu liści czerwonokrzewu mogą być stosowane także na swędzące i jątrzące się rany. Napar polecany jest też do przemywania skóry w przypadku egzemy, pieluszkowego zapalenia skóry i trądziku, a ponadto, regularnie pity zmniejsza podatność jamy ustnej na infekcje: pleśniawki, zapalenia dziąseł i choroby przyzębia. Ostatnio, podobnie jak zielona i biała herbata, Rooibos znajduje również coraz szersze zastosowanie w kosmetyce, ze względu na silne działanie odmładzające.

W początkach XX wieku rosyjski emigrant Benjamin Ginsberg zainteresował się krzewem, który był uprawiany przez Zulusów w górach w okolicy Kapsztadu i cieszył wśród plemion Afryki Środkowej sławą „świętej rośliny". Miał wzmacniać siły, dodawać energii i odwagi. Napar z czerwonokrzewu był spożywany tylko w wyjątkowych okazjach: pił go szaman przed seansami uzdrowicielskimi, podawano go starcom, kobietom przed porodem i wojownikom przed polowaniem lub walką. Rytualne picie naparu było jednym z elementów ceremoniału inicjacyjnego 14-latków, którzy przechodzili do grona dorosłych mężczyzn. Czerwona kora i czerwonawe liście krajowcom kojarzyły się z krwią, jako esencją życia. Legendy mówiły, że w krzewie tym mieszkają dusze zasłużonych przodków, którzy nadal czuwali nad losem plemienia. Ponieważ dziki czerwonokrzew często rośnie na szczytach wzgórz tak, jakby chciał sięgnąć nieba, nic więc dziwnego, że napar z jego liści i pokruszonej kory w rytuałach nazywano „gorącą krwią niebios". Z korzeni czerwonokrzewu sporządzano amulety dla bezpłodnych kobiet i chorowitych dzieci, przy czym pozyskiwano je także w rytualny sposób, tak aby rośliny nie urazić i nie sprowokować gniewu bóstwa opiekuńczego. W pobliżu krzewu pod karą śmierci lub wydalenia ze wspólnoty plemiennej nie wolno było załatwiać potrzeb fizjologicznych, kłócić się, mówić o nienawiści, zazdrości i śmierci. Można było prosić o uleczenie choroby, ale o samej chorobie trzeba było tylko wspominać, gdyż czerwonokrzew potrafił sam ją wyczuwać. Działanie magiczne „niebiańskiej krwi" miało polegać na tym, że napój usuwał blokady energetyczne; dodawał energii i wzmacniał siły organizmu. Leczniczy napar należało wypijać dokładnie w południe, kiedy słońce stało w zenicie i miało najsilniejszy wpływ na mieszkańców Ziemi. Lokalne władze postanowiły wykorzystać odkrycie, uważając, że aromatyczny napój może z powodzeniem stanowić alternatywę dla szalenie drogiej importowanej herbaty. Od początku XX wieku zaczął się triumfalny pochód napoju przez świat, jego działanie lecznicze przekonało nabywców w Europie. Niestety z powodu załamania się koniunktury wskutek II wojny światowej nastąpił kryzys gospodarczy i wielu plantatorów zbankrutowało. Po wojnie Rooibos znowu zaczął zdobywać popularność, obecnie w Polsce jest ogólnie dostępny i to w wielu odmianach smakowych.

Rooibos parzy się podobnie jak zwykłą herbatę, biorąc zazwyczaj 1 łyżeczkę listków na 1 szklankę wrzącej wody i parząc 3–5 minut, najlepiej pod przykryciem; można parzyć dwukrotnie. Rooibos można też zaparzyć gotując na wolnym ogniu, niczym wywar z ziół. Smakuje zarówno na zimno, jak i na gorąco,. Zdaniem znawców zyskuje posłodzony miodem, który podkreśla delikatny aromat napoju. Można także podawać napar „po angielsku", to jest z dodatkiem śmietanki lub mleka. Zdaniem specjalistów Rooibos można doprawiać także cytryną i innymi cytrusami, wanilią, czekoladą, imbirem, cynamonem, miętą, a nawet rumem i likierem migdałowym (amaretto). Ostatnio coraz częściej dostępny jest Rooibos w torebkach, jeszcze wygodniejszy w użyciu.

HONEYBUSCH (Miodokrzew)

To kolejny aromatyczny napar ziołowy pochodzący z Afryki Południowej i skutecznie konkurujący z herbatą. Napar ten otrzymuje się ze zbieranych późnym latem liści, a także młodych łodyg i kwiatów południowoafrykańskich krzewów o łacińskiej nazwie *Cyclopia* (głównie *cyclopia intermedia* i *cyklopia subternata*), niespokrewnionych z tradycyjnym krzewem herbacianym (*Camellia sinensis*) i popularnie zwanych „miodokrzewem" (ang. *honeybush*), ze względu na kwiaty o charakterystycznym miodowym aromacie. Jest to wysoki na około 60 centymetrów zielony krzew rosnący w miejscach wyżej położonych i raczej zacienionych. Jego liście mają kolor zielonkawożółty, natomiast kwiaty są jaskrawożółte. Podobnie jak w przypadku krzewu roiboos surowiec jest drobno cięty, fermentowany, a następnie suszony. Miodokrzew został po raz pierwszy odnotowany w literaturze botanicznej w 1705 roku, a zainteresowanie nim jako surowcem zielarskim zaczęło się już w czasach kolonialnych, kiedy to Afryka Południowa zaczęła się roić od holenderskich i brytyjskich osadników. Do niedawna większość surowca pozyskiwali krajowcy z dziko rosnących roślin, ostatnio jednak coraz częściej powstają także przemysłowe plantacje miodokrzewu. Podobnie jak i w przypadku Roiboosu dokładne badania farmakologiczne wskazują, że napar ten jest swoistym panaceum. Już od XIX wieku napar z miodokrzewu tradycyjnie podawany był leczniczo przy grypie i wszelkich infekcjach układu oddechowego, gdyż skutecznie łagodzi on nawet silny kaszel – dzięki obecności pinitolu. Stosowano go także w celu pobudzenia apetytu u dzieci. Zdaniem fachowców napar z miodokrzewu ma także działanie relaksacyjne, łagodzi skutki bezsenności i może być pity przed snem, gdyż, podobnie jak i herbata Rooibos, nie zawiera kofeiny. Z tego powodu można go bezpiecznie podawać nawet małym dzieciom. Ma on również zawierać wie-

le związków, które zapobiegają nowotworom, zawałom serca, a także obniżają ciśnienie krwi, poziom cukru i cholesterolu oraz spowalniają proces starzenia się. Szczególnie wartościowe są takie przeciwutleniacze jak izoflawony klasyfikowane jako fitoestrogeny, podobne do tych obecnych w nasionach soi i wykorzystywane w leczeniu dokuczliwych objawów menopauzy. Napar z miodokrzewu ma też właściwości antyskurczowe, które łagodzą bóle brzucha oraz kolki i mogą przynosić ulgę przy bolesnym miesiączkowaniu. Działa łagodząco, przeciwwirusowo i przeciwgrzybiczo, łagodzi stany zapalne śluzówki zarówno jamy ustnej, jak i przewodu pokarmowego, skutecznie przeciwdziała biegunkom. Wykazuje także działanie bakteriobójcze, antywirusowe i przeciwgrzybiczne.

Przy tym wszystkim napar z miodokrzewu jest bardzo słodki i aromatyczny, nieco zbliżony do Roiboosa, ale pozbawiony goryczy i łagodniejszy. Ma on piękny złocistoczerwony kolor i silny aromat. Jego smak jest określany bardzo różnie, np. porównywany do gorącego dżemu morelowego, bądź określany jako kwiatowy, miodowy lub jako smak mieszanki suszonych słodkich owoców. Honeybush zazwyczaj pija się z mlekiem i cukrem, ale by docenić jej subtelny, słodki smak nie należy tego robić. Doskonale smakuje także z dodatkiem soków owocowych zarówno na zimno, jak i na gorąco. Mrożony napar działa silnie orzeźwiająco. „Herbatę" z miodokrzewu można przechowywać w szczelnych pojemnikach przez 2 lata.

YERBA MATE

Pierwsze wrażenie osób próbujących po raz pierwszy yerba mate jest podobne. Napar jest nieco gorzki, przypomina najbardziej cierpkie zielone herbaty z posmakiem nikotyny. Z czasem jednak to przykre wrażenie zanika, zaczyna się natomiast doceniać orzeźwiające działanie napoju.

Yerba mate (znana także pod nazwami: herbata jezuicka, herbata misyjna, herbata Świętego Bartłomieja, paraguay Cayi, herbata paragwajska, chimarrao lub cimarron) w krajach Ameryki Południowej stanowi odpowiednik czarnej herbaty, pija się ją rano i wieczorem przed posiłkami, a także przed wysiłkiem fizycznym. Napar przygotowuje się z wysuszonych i zmielonych, a także świeżych liści ostrokrzewu paragwajskiego (*Illex paraguariensis*). Ostrokrzew jest co roku przycinany, tak aby ułatwić zbieranie liści. Pierwsze zbiory odbywają się najwcześniej 4 lata po posadzeniu rośliny. Ostrokrzew paragwajski osiąga 13 metrów wysokości. Zbierane liście ogrzewa się krótko w temperaturze 90–100°C, następnie suszy w niskiej temperaturze.

Yerba to zniekształcony wyraz *herba*, czyli po łacinie zioło, a *mati* to w języku Indian Kiczua tykwa, w której przygotowuje się napar.Uważa się, że nazwa yerba mate została prawdopodobnie nadana napojowi przez jezuitów, którzy w XVI wieku przybyli na misje do Ameryki Południowej. Hiszpanie początkowo podchodzili do tego naparu z wielką nieufnością, do tego stopnia, że pod koniec XVI wieku picie go zostało prawnie zakazane. Z czasem jednak zaczęli doceniać yerba mate i sami zaczęli ją chętnie popijać. Podobno to właśnie jezuici założyli pierwsze plantacje ostrokrzewu paragwajskiego, chcąc zmniejszyć spożycie alkoholu wśród miejscowej ludności, wyjątkowo mało odpornej na działanie „wody ognistej".

Yerba mate znana jest ze swego orzeźwiającego i zarazem wzmacniającego działania – pijąc ją Indianie mogli wytrzymać bez jedzenia wiele dni bez szkody dla zdrowia. Początkowo ponoć pijano mate cedząc liście przez zęby, co jednak nie było zbyt wygodne. Następnie pito ją przez słomkę, a następnie przez bambusową rurkę. Tak powstała słynna „bombilla", bez której dziś trudno wyobrazić sobie picie mate. Gdy zaczęto produkować metalowe bombille, stały się one symbolem zamożności, choć do dziś stosuje się też tradycyjne bambusowe słomki. Dzięki zawartości alkaloidu mateiny (tylko ostrokrzew paragwajski zawiera tę substancję – zbliżoną właściwościami do kofeiny i teiny) yerba mate działa pobudzająco i stymulująco na układ nerwowy oraz poprawia koncentrację. Mateina jednak zasadniczo nie powoduje uzależnienia, poza tym jest bezpieczniejsza dla układu pokarmowego, niż kofeina i nie podnosi ciśnienia tętniczego. Nierzadko yerba mate jest polecana podczas kuracji odchudzających ze względu na zmniejszanie uczucia głodu. Reguluje również pracę układu pokarmowego poprawiając perystaltykę jelit oraz stymulując proces trawienia, a także działa relaksująco i rozluźniająco na mięśnie, pomaga eliminować toksyny z organizmu i obniża poziom „złego" cholesterolu. Ze względu na zawartość wielu witamin (A, B_1, B_2, C, E) yerba mate wzmacnia odporność, przyspiesza rekonwalescencję oraz zapewnia prawidłowe funkcjonowanie całego organizmu, a zdaniem niektórych ma też właściwości antyreumatyczne, antyalergiczne i wspomaga odbudowywanie tkanki narządów wewnętrznych. Jak wiele herbat posiada działanie antyoksydacyjne, dzięki czemu usuwa z organizmu wolne rodniki i zawiera szereg mikro- i makroelementów.

Yerba mate istnieje w odmianach zielonej (green), brązowej (brown) – w tym ostatnim przypadku liście są suszone w dymie z ogniska i dają bardziej cierpki smak i wyraźniejszy aromat.

Mate przygotowuje się do dzisiaj w tradycyjny sposób, mieszkańcy Ameryki Południowej mawiają nawet, iż, aby herbata działała zdrowotnie, trzeba ją odpowiednio parzyć i podawać. Niezbędnymi akcesoriami są mate i bombilla.

Mate – naczynko, w którym przyrządza się herbatę. Wykonywane często z odmiany dyni tykwy (tzw. kalebasy) są używane m.in. w Argentynie. Do produkcji mate używa się także drewna, a pasterze tradycyjnie używają naczyń wykonanych z krowiego rogu nazywanych Guara. Mate są często bardzo kunsztownie wykonane i ozdabiane ornamentami ze srebra. Nigdy nie myje się ich detergentami, a jedynie płucze czystą wodą. Bombilla – rurka, przez którą pije się napar, tradycyjnie wykonywana była z bambusa, później pojawiły się metalowe rurki z sitkiem, które rzadziej się zatykają i są łatwiejsze w czyszczeniu. Do dziś napar przygotowuje się w tradycyjny sposób: najpierw napełnia się naczynie (mate) do połowy liśćmi, zatyka otwór i obraca, energicznie potrząsając, aby większe liście znalazły się na wierzchu. Następnie ponownie obraca się naczynie i przechyla tak, aby powstała szpara pozwalająca na wsunięcie bombilli. Tradycyjnie mieszankę mate zalewa się wodą o temperaturze około 80°C, gdyż, jak mawiają Indianie, zalana wrzątkiem mate „obraża się" i traci swoją leczniczą moc. Według legendy pierwsze zalanie „wypija św. Tomasz" – co oznacza, że liście niemal całkowicie wchłaniają płyn. Drugie zalanie w towarzystwie wypija gospodarz (uważa się, że ma ono gorszy smak), natomiast następne (mate można parzyć nawet kilkanaście razy) wypijają goście – tradycja nakazuje popijać mate w towarzystwie. Pozostający wewnątrz mate osad sprawia, że każdy następny napar jest mocniejszy i bardziej aromatyczny od poprzedniego. Gdy siła naparu słabnie, do mate dokłada się nowe liście, a ceremonia popijania trwa do chwili, gdy ostatnia osoba podziękuje za dolewkę. Indiańska tradycja nakazywała wylanie liści z ostatnim naparem na ziemię, tak by oddać ją Matce Ziemi, prawdziwej ofiarodawczyni mate. Można także przygotowywać yerba mate inaczej, np. zalewając ją lodowatą wodą z górskiego źródła, gdyż liście ostrokrzewu reagują tylko na bardzo zimną lub bardzo ciepłą (ale nie wrzącą) wodę, wydzielając napar yerba mate.

Yerba mate na zimno nazywana jest popularnie „terere".

Mate Russo to napar uzupełniony dużą ilością soku, np. pomarańczowego. Indianie często uzupełniają liście ostrokrzewu różnymi ziołami i przyprawami.

Mate podaje się także dzieciom i to nawet maleńkim, początkowo z dodatkiem mleka, a następnie w naturalnej postaci. Ceremonia picia mate tradycyjnie towarzyszy wszelkim spotkaniom w rodzinnym i przyjacielskim gronie, w Argentynie picie mate rozpoczyna nawet wigilię. Dziś poza krajami uprawy (Argentyna, Brazylia, Paragwaj) mate pija się w dużych ilościach także w Urugwaju, Chile i Boliwii, a nawet w Libanie i Syrii, dokąd dotarła za sprawą powracających z Ameryki Południowej emigrantów.

LA PACHO

Kolejnym aromatycznym naparem, który w niektórych rejonach świata skutecznie konkuruje z herbatą, jest La Pacho. Otrzymuje się go z kory rosnącego w rejonie granicy Argentyny i Brazylii długowiecznego drzewa *Tabebuia avellanede*. To potężne drzewo, które Indianie uważali za „dar od bogów", rośnie do wysokości 40 m, a jego korzenie sięgają tak głęboko, że nawet huragan nie jest w stanie go powalić. La Pacho występuje też pod nazwą Taheebo, Pau d'Arco, Ipe Roxo, Inkas tea. Drewno pozyskiwane z tego drzewa słynie ze swej twardości i odporności na warunki zewnętrzne, dlatego dawni Indianie żyjący w tamtym rejonie robili z niego najwyższej jakości łuki. Dzisiaj z pięknego ciemnego drewna robi się także luksusowe posadzki. Podobno napar z kory „drzewa łukowego" pijano już w czasach inkaskich, jednak oficjalna nauka zainteresowała się nim dopiero 50 lat temu. Stwierdzono, że aromatyczny napar zawiera tzw. lapachol, substancję, która okazała się bardzo pomocna w leczeniu szeregu nowotworów złośliwych, a ponadto działa grzybobójczo, bakteriobójczo i wirusobójczo, niszcząc m.in. wirusy opryszczki (*herpes*) i grypy. Dzięki bardzo wysokiej zawartości żelaza ma także działanie krwiotwórcze, ułatwia trawienie i obniża poziom cukru we krwi. Tubylcy wierzyli, że La Pacho ma również zdolność „oczyszczania krwi" z wszelkich toksyn. Dzisiaj naturalna medycyna stosuje go często w przypadkach grzybicy, owrzodzenia dwunastnicy, nieżytu żołądka, chorób zapalnych wątroby i nerek, alergii, a nawet źle gojących się ran i uciążliwych chorób skórnych. Podaje się go także jako wspomagający środek w leczeniu białaczki i jako uzupełnienie chemioterapii w przypadkach innych chorób nowotworowych. Jego działanie podnoszące odporność zostało wykorzystane także w profilaktyce i leczeniu grypy oraz chorób przeziębieniowych, szczególnie u osób osłabionych. Indianie twierdzą, że La Pacho atakuje samą przyczynę choroby i wzmacnia odporność organizmu, mobilizując go do walki z chorobą, a ponadto, skutecznie zwalcza pasożyty. Nie stwierdzono, by wywar z kory La Pacho miał jakiekolwiek skutki uboczne i bez ryzyka można go podawać nawet dzieciom. Aby kuracja La Pacho dała najlepszy skutek, wskazane jest przestrzeganie bezmięsnej, a przynajmniej lekkostrawnej diety, nie należy także palić tytoniu, pić kawy, czarnej herbaty i alkoholu.

Sposób parzenia: 1 łyżkę stołową La Pacho zalać 1 szklanką zimnej wody, doprowadzić do wrzenia na małym ogniu i gotować pod przykryciem 5–15 minut, a następnie pozostawić na kolejne 15 minut. Zdaniem niektórych do wywaru warto dodać sok z cytryny, który ma przyspieszać wchłanianie substancji czynnych.

Tak więc przygotowanie La Pacho nie jest zbyt skomplikowane, choć dosyć czasochłonne, podczas kuracji napar należy pić 2–8 razy dziennie po 1 szklance.

POWIEDZ MI, JAK PRZYGOTOWUJESZ HERBATĘ, A POWIEM CI, KIM JESTEŚ...

O jakości herbacianego naparu decyduje nie tylko sama roślina, ale niemal w równym stopniu – jakość wody i umiejętne parzenie. Na wodzie z górskiego źródła nawet najsłabsza mieszanka będzie mieć piękny kolor, smak i zapach, podczas gdy twarda chlorowana kranówa jest w stanie zabić jakość najbardziej wykwintnej mieszanki i uczynić z niej ekspresową za 2 grosze..., dlatego do parzenia herbaty

warto zaopatrzyć się w dobrą wodę. Jeśli nie mamy do dyspozycji oligoceńskiego źródełka, czeka nas bądź filtrowanie kranówki (z różnym rezultatem) albo zakup wody źródlanej w butelkach. Czy to się opłaca? Możemy sami zrobić doświadczenie, zaparzając tę samą herbatę wodą z kranu z filtra i z butelki... rezultaty wskażą nam, który wybór jest najlepszy...

Jednak sama woda i dobra herbata nie wystarczają, aby delektować się prawdziwym smakiem herbaty. Napój wymaga jeszcze rytuału parzenia.

W naszych czasach króluje niemal niepodzielnie herbata w saszetkach, nazywana nie bez powodu „herbatą na smyczy" – jest łatwa do zaparzenia, higieniczna, a w dodatku zaparza się dużo szybciej niż herbata liściasta. To wszystko prawda. Jednak nawet herbata w torebce inaczej smakuje, jeśli zaparzymy ją w porcelanowym chińskim kubku z pokrywką, a nie w zwykłej szklance. Pokrywka wspaniale zatrzymuje aromat, który z otwartej szklanki po prostu się ulatania. Jeszcze lepszym rozwiązaniem jest parzenie herbaty w termosie – decydując się na to, warto kupić sobie specjalny termos „herbaciany", którego używać będziemy jedynie do parzenia herbaty, ponadto po każdym parzeniu należy termos dokładnie wyparzyć i jeszcze dokładniej wysuszyć. Termos ten powinien być oprócz tego przechowywany z daleka od wszelkich aromatycznych przypraw...

Możemy także parzyć herbatę bezpośrednio w dzbanku, najlepszy oczywiście byłby dzbanek porcelanowy, jednak i szklany również sprawdzi się, tym bardziej, jeśli zaopatrzymy się w nadzwyczaj wygodny „ocieplacz", czyli coś w rodzaju „ubranka" na dzbanek, co pozwoli dłużej utrzymać wysoką temperaturę płynu, a zatem lepsze parzenie. Najlepiej jest użyć ocieplacza po wyjęciu liści, gdy herbata nabierze pożądanej mocy. Jeśli przygotowujemy herbatę na podwieczorek w rodzinnym lub przyjacielskim gronie bądź na zwykłe „babskie pogaduchy", warto ustawić go na podstawce z podgrzewaczem – specjalna płaska świeczka, która sprawi, że herbata nie będzie zbyt szybko stygnąć.

Chińczycy, zgodnie z wielowiekową tradycją, parzą herbatę nie w czajniczku, lecz w specjalnej czarce z pokrywką zwanej *haiwan-guy-wan*, co w narzeczu mandaryńskim znaczy „zakryta filiżanka". Haiwan jest naczyniem o pojemności 150–200 ml, które ma specyficzny, rozszerzający się ku górze kształt. Przykrywka natomiast znajduje się poniżej górnej krawędzi naczynia, tak że prawie dotyka powierzchni napoju.

Aby przygotować tradycyjny chiński napar, należy wsypać do czarki 4 g suchej herbaty (ilość liści herbacianych może być jednak modyfikowana ze względu na indywidualne preferencje i gatunek herbaty, jakiego używamy) i zalać wrzątkiem, maksymalnie do ¾ pojemności naczynia. Czas parzenia takiej herbaty nie może przekroczyć 2 minut, chociaż w przypadku niektórych gatunków może trwać dłużej – do 3–4 minut. By nie dopuścić do ulotnienia się aromatu, napój herbaciany przelewa się z haiwana do filiżanki przez niewielką szczelinę znajdującą się między naczyniem a przykrywką. Chińczycy lubią gorącą herbatę, którą piją małymi łykami, bez cukru i innych dodatków. Po częściowym wypiciu naparu pozostałość herbaty znajdującą się w haiwanie ponownie zalewa się wrzątkiem. Proces ten można powtarzać nawet czterokrotnie, a zależy to przede wszystkim od jakości herbaty.

W Chinach pije się głównie herbaty zielone i aromatyzowane, najchętniej jaśminem lub lotosem. Popularne są również herbaty żółte i czerwone, które spożywa się bez żadnych dodatków. Niektóre mniejszości narodowe zamieszkujące południowe i południowo-wschodnie rejony Chin do doprawiania prasowanych herbat czarnych, które są wśród nich dużo popularniejsze niż herbaty zielone, używają np. imbiru, kardamonu, cynamonu czy migdałów. Na północnych krańcach Chin pije się przeważnie herbaty cegiełkowe i sproszkowane herbaty zielone z dodatkiem mleka, masła lub soli.

W Europie sposób podawania herbaty wyraźnie odzwierciedlał granicę wpływu kultur – tam, dokąd zwyczaj picia herbaty przewędrował z Anglii, herbatę pija się z mlekiem i w filiżankach bądź kubkach (w każdym razie w czymś „z uszkiem"), natomiast wszędzie tam, gdzie „czaj" dotarł z Rosji – w użytku były szklanki, co najwyżej dla wygody wyposażone w uchwyty.

Jednak z czasem i te różnice zaczęły się zacierać – samowary stały się efektownymi bibelotami, a kubki powoli podbijają świat, jako że ich grube ściany lepiej zatrzymują ciepło, a duża pojemność pozwala na przygotowanie sobie od razu dużej porcji, zamiast częstego uzupełniania zawartości filiżanki zimnym płynem... Tak przykład herbaty udowadnia nam, że różnice zacierają się coraz bardziej – mają rację Włosi, kiedy mawiają *tutto il mondo e un paese* – czyli, że cały świat jest (małym) miasteczkiem...

Mimo że herbata staje się światowym napojem, to jednak każda nacja spożywa ją inaczej... Anglicy każdy swój dzień zaczynają tradycyjnie od *morning tea* – porannej herbaty, która poprzedza właściwe śniadanie. W bogatszych domach i hotelach do dziś służba budzi gospodarzy i gości, przynosząc im do łóżka filiżankę świeżo zaparzonej herbaty z herbatnikiem. Czas popołudniowego odpoczynku i spotkań towarzyskich to słynne *five o'clock* bądź *afternoon tea* na prowincji angielskiej, do dziś jeszcze można zastać większość osób o tej porze w domu, i wreszcie ostatnia filiżanka herbaty *high tea* wprawia w dobry nastrój wieczorem... Anglicy swoją herbatę najchętniej popijają z mlekiem, przegryzając ją małymi kanapkami i ciastkami. Także Irlandczycy i Szkoci są bardzo przywiązani do swojej *cup of tea,* czyli filiżanki herbaty, którą podają najczęściej ze śmietanką. Inaczej jest we Włoszech, Francji czy Hiszpanii, gdzie bardziej powszechnym napojem jest kawa, a herbata bywa podawana niemal wyłącznie przy okazji niezobowiązujących spotkań towarzyskich bądź popołudniowych „babskich ploteczek". W Chinach herbata rozpoczyna każdy posiłek zarówno w restauracji, jak i w domu, podaje się ją również zawsze na zakończenie przyjęcia. Podobno do dziś zachował się ceremoniał herbaciany, który w imię gościnności nakazuje częstować każdego gościa herbatą, jeszcze zanim powie, jaka sprawa go sprowadza. Chiński ceremoniał parzenia herbaty nazywa się *gongu cha*. Używa się do niego wyłącznie herbat Oolong. Herbatę pije się w tradycyjnych porcelanowych czarkach bez uszka, a do przygotowania naparu potrzebny jest porcelanowy imbryk i tzw. „taca herbaciana" zwana także „łodzią". Wodę trzeba podgrzać do temperatury około 95°C. Wlać do imbryka i umieścić go na specjalnie przygotowanej i przeznaczonej do tego „herbacianej tacy" (tzw. „łodzi"). Wodę przelać z imbryka do miseczek, aby je wyparzyć. Następnie trzeba nabrać z pojemnika na herbatę około 5 gramów liści i umieścić je w imbryku. Potem opłukać liście gorącą wodą, napełniając czajnik aż po jego brzegi, po czym wylać ten pierwszy napar do „herbacianej łodzi" i ponownie napełnić imbryk gorącą wodą. Przykryć czajniczek pokrywką i obrócić ją kilka razy, aby usunąć nadmiar wody.

Oblać naczynie gorącą wodą, aby utrzymać wysoką temperaturę. W czasie parzenia herbaty opróżnić miseczki. Napar podawać w kolejności, w jakiej siedzą goście. Pić go należy małymi łyczkami. Rytuał powtarza się trzykrotnie, zaparzając te same liście.

Na walory smakowe naparu herbacianego wpływ ma jakość herbaty, woda i sposób parzenia. Im jakość herbaty jest wyższa, tym napar jest lepszy, ale nieumiejętne parzenie może zdecydowanie popsuć smak najlepszej herbaty. Najprostszy sposób parzenia herbaty polega na tym, że do ogrzanego wcześniej czajniczka sypiemy tyle łyżeczek herbaty, ile planujemy filiżanek napoju oraz jeszcze jedną dodatkową łyżeczkę. Herbatę czarną i czerwoną zalewamy wrzątkiem, a herbatę zieloną i białą wodą bardzo gorącą, ale nie wrzącą. Zwykło się uważać, że herbata krótko parzona (3 minuty) wykazuje działanie pobudzające, a dłużej parzona (5 minut) – działanie uspokajające.

Wciąż trwa dyskusja, czy wskazane jest picie herbaty z takimi dodatkami jak mleko lub cytryna. Badania przeprowadzone na zdrowych ochotnikach wykazały, że dodatek półtłustego mleka do herbaty nie wpływa na wchłanianie flawonoidów z herbaty w przewodzie pokarmowym, natomiast jeśli chodzi o cytrynę – zdania są podzielone. Z jednej strony uważa się, że dodatek cytryny, a dokładniej soku cytrynowego, może powodować powstawanie cytrynianu glinu, a wiadomo, że wysoki poziom glinu jest charakterystyczny dla choroby Alzheimera. A z drugiej zaś, niedawno opublikowane wyniki badań amerykańskich wskazują, że dodatek skórki cytrynowej do herbaty zmniejsza ryzyko zachorowania na nowotwory skórne... I komu tu wierzyć? Jeśli weźmiemy oba wyniki za dobrą monetę, należałoby zatem pić herbatę z samą skórką cytrynową, podczas gdy do niedawna wiele osób pijało herbatę z cytryną, ale bez skórki.

Sposoby zaparzania

Czarna herbata
Czarną herbatę powinno się zalewać wyłącznie wrzątkiem (100°C). Najczęstszym błędem popełnianym podczas przyrządzania czarnej herbaty jest użycie wody o za niskiej temperaturze. Herbatę powinno się zaparzać od 3 do 5 minut.

Oolong
Herbatę półfermentowaną typu Oolong (Czarny Smok) parzy się w temperaturze 90°C przez 3–4 minuty. Jako że można ją parzyć nawet do czterech razy, to trzeci i czwarty napar można zostawić nawet na około 5–6 minut, aby „wycisnąć" z nich cały aromat. Uwaga: herbata typu Oolong nie jest w żaden sposób rozdrabniana, są to po prostu całe ususzone i zrolowane liście. Dlatego właśnie, aby oddała cały swój aromat, powinna być parzona w dużych dzbankach, żeby liście mogły się rozwinąć.

Biała herbata
Tę wykwintną herbatę parzyć można trzykrotnie w temperaturze 85°C. Herbatę tę należy parzyć dość długo, ok. 5–7 minut.

Zielona herbata
Herbatę zieloną należy zalewać wodą o temperaturze od 60 do 80°C w zależności od rodzaju herbaty. Parzyć należy do trzech minut, aby herbata nie nabrała gorzkiego posmaku. Te same liście można parzyć nawet do 3 razy, a najwartościowszym naparem jest zazwyczaj drugi.

Żółta herbata
Żółtą herbatę parzy się tylko raz. Temperatura powinna wynosić 90°C. Parzenie trwa standardowo: 3 minuty.

Pu-Erh
Parzenie trwa 3 minuty i odbywa się w temperaturze 90–100°C. Parzenie Pu-Erh odbywać się może wielokrotnie,

Sposoby zaparzania

Gatunek herbaty	Liczba łyżeczek na 1 filiżankę	Temperatura wody	Czas parzenia
Biała	1	70–85 °C	7–9 min
Zielona Gunpowder	1	70–80 °C	3–4 min
Zielona Chun Mee	1	70 °C	3–4 min
Zielona chińska	1	75–90 °C	3–4 min
Zielona japońska	1	60–75 °C	do 2 min
Czarna	½ – 1	95 °C	4–5 min
Czarna Darjeeling	½ – 1	95 °C	3 min
Czerwona Oolong	½ – 1	95 °C	5 min
Czerwona Pu-Erh	½ – 1	95 °C	3–5 min
Rooibos	1	95 °C	3–5min
Mate	1	70 °C	3–5min
La Pacho	1	gotować na wolnym ogniu	5–15 min – odstawić na 5 min – odcedzić

bo herbata ta w każdym kolejnym parzeniu oddaje do naparu inne dobroczynne substancje.

Herbaty aromatyzowane:
kwiaty jaśminu, pomarańczy, bzu czarnego czy oliwki pachnącej, czarna porzeczka, wiśnia, owoce cytrusowe, imbir, mango, miętowa herbata zielona, passiflora, i owoce czerwone. Można też aromatyzować nasionami anyżu, korzeniami irysów i kurkumy.

W imbryku
Herbata zaparzona w imbryku to chyba pierwsze skojarzenie, jakie przychodzi nam do głowy, kiedy pomyślimy o parzeniu herbacianych liści w sposób inny niż tradycyjny. Przygotowywanie jej w pękatym czajniczku to jedna z najstarszych metod i z całą pewnością należy do najlepszych. Jej zaletą jest to, że nie jest skomplikowana, a sporządzony napar uraczy wiele osób. Kiedy kupujemy imbryk, musimy jednak pamiętać o kilku sprawach. Po pierwsze, musi być odpowiednio duży i pękaty, by liście mogły swobodnie się rozwijać w trakcie parzenia. Po drugie, należy sprawdzić drożność dzióbka. Niestety wiele oferowanych na rynku imbryków, choć są bardzo atrakcyjne wizualnie, to jednak niepraktyczne, ponieważ podczas przelewania naparu ciecz spływa po szyjce dzióbka i plami obrus. Innym problemem mogą być zbyt małe otwory przy szyjce (wewnątrz imbryka) – wówczas odpływ po prostu się zatyka. Unikajmy imbryków glinianych i ceramicznych, gdyż zdecydowanie pogarszają smak napoju. Najlepsze są porcelanowe i szklane. By zaparzona herbata nie wystygła od razu, dobrym rozwiązaniem są imbryki z podgrzewaczami, które stale utrzymują właściwą temperaturę naparu.

W dzbanku z zaparzaczem
Zaparzacz jest urządzeniem, który cieszy się sporą popularnością wśród smakoszy herbat. Jego niewątpliwą zaletą jest to, iż dzięki wbudowanemu obszernemu sitku listki mogą maksymalnie wydobyć z siebie smak. A szczelne wieczko zapobiega uciekaniu cennego aromatu. Godne polecenia są zaparzacze z borosilikonowego szkła, ponieważ najlepiej utrzymują właściwą temperaturę naparu. Zaparzacze tego typu doskonale sprawdzają się przy zaparzaniu herbat ziołowych i aromatyzowanych.

W sitku
Łatwo dostępne i niedrogie są plecione z naturalnego włókna sitka z długim uchwytem, które wypełnia się liśćmi herbaty i umieszcza w górnej części kubka. Tego typu sitka są na tyle duże, że liście mogą swobodnie pływać, zatem otrzymany napar nie traci na aromacie, a smak zadowoliłby zapewne niejednego smakosza.

W kubku z sitkiem
Dla amatorów naparów z ziół najlepszy wydaje się być kubek składający się z trzech części: kubka, nakładanego sitka i przykrywki. Taki sposób parzenia sprawia, że po kilku minutach właściwości ziół maksymalnie przechodzą do naparu i zioła idealnie się zaparzają.

W dwóch czajniczkach
To rozwiązanie dla tych, którzy nie lubią pływających w herbacie listków. Użycie dwóch czajniczków polega na zalaniu herbacianego suszu (w jednym z nich), gorącą wodą, sparzeniu i przelaniu przez sitko do drugiego. Dzięki temu listki mają możliwość nie tylko całkowitego zaparzenia, ale także swobodnego przepływu, a przy okazji unikamy sytu-

acji, w wyniku której po kilku minutach herbata staje się zbyt mocna.

W czajniczku z wkładką
Czajniczek z wbudowanym wewnątrz sitkiem redukuje konieczność przelewania naparu, ale należy pamiętać o jednej zasadzie – sitko musi być na tyle obszerne, by liście mogły w nim swobodnie pływać. Jeśli chcemy przygotować bardzo mocną herbatę z dużej ilości liści, może się okazać, że gorzej się zaparzą. Czajniczek z wkładką można stosować do zaparzania tylko czarnej herbaty lub tylko zielonej, albowiem czarne herbaty mają na tyle silny aromat, że pozostaje on jeszcze na długo wewnątrz czajniczka. To może bardzo zepsuć aromat delikatnej zielonej herbaty.

W papierowym filtrze
Filtry sprawdzają się nie tylko przy zaparzaniu kawy, ale także herbaty. Choć koneserzy twierdzą, że papier psuje ulotny

aromat herbat, to jednak w rezultacie herbata parzona w ten sposób niewiele traci. Co więcej, metoda ta jest bardzo higieniczna, ponieważ każdorazowo używa się nowego filtra.

W zamykanym sitku

Są przydatne, gdy chcemy zaparzyć sypaną herbatę w jednej tylko szklance i do tego w trybie natychmiastowym. Wypełnione herbatą sitko sprawia, iż herbata szybko się zaparza i do tego bardzo łatwo się je czyści. Jedyny mankament jest taki, iż czasami może nieco psuć smak i aromat naparu swoim lekko metalicznym posmakiem.

HERBATA Z SAMOWARA

Na podstawie źródeł historycznych możemy stwierdzić, że herbatę na Rusi pijano już od XVII wieku, podczas gdy w sto lat później „czaj" stał się napojem narodowym, od Syberii po Moskwę, Petersburg i Odessę. W dawnej Rosji dzień rozpoczynano i kończono szklanką gorącej herbaty, herbata towarzyszyła babskim pogaduszkom i męskim rozmowom, pijano ją tradycyjnie na postojach podczas podróży, jednym słowem była wszechobecna w codziennym życiu. Przy tak szerokim spożyciu herbaty, której dziennie wypijano bardzo dużo, szybko wymyślono więc samowary, „samogotujące" dzbanki na herbatę, którą w ten sposób można było się cieszyć cały dzień. Najsłynniejsze samowary wyrabiano w Tule, a niemal każdy z nich był swoistym dziełem sztuki. Pierwotnie do ogrzewania wody używano węgla drzewnego, takiego samego, jakiego dzisiaj używamy do grilla, dlatego jeśli ktoś ma jeszcze »po babci« stary samowar, może z niego bez trudu zrobić wspaniały użytek. Jednak, uwaga! Nie wolno zapominać, że taki tradycyjny samowar po rozpaleniu strasznie dymi. W dawnej Rosji rozpalano węgiel w kuchni, a do pokoju wnoszono już parujący samowar z wrzącą wodą. Oczywiście taki zapomniany samowar trzeba najpierw dokładnie wyczyścić i sprawdzić, czy jest szczelny. Następnie wkład węglowy, czyli tzw. komin wypełniamy żarzącym się węglem, a samowar napełniamy wodą. Kiedy woda

zacznie wrzeć, przygotowujemy esencję herbacianą (niegdyś, zanim zapanowała herbata torebkowa, tak przyrządzano herbatę także i w polskich domach). Tradycyjnie do przygotowywania esencji używano imbryczków wykonanych z tego samego materiału, co i sam samowar, jednak z powodzeniem możemy też wykorzystać czajniczek porcelanowy lub kamionkowy. Należy umieścić go na szczycie samowaru, tak aby w momencie, gdy woda zawrze, był odpowiednio wygrzany. Przy zaparzaniu herbaty warto pamiętać o orientalnej zasadzie: jedna łyżeczka na osobę i jedna łyżeczka na „czajnik". Suchą herbatę zalewamy wrzątkiem do połowy wysokości, ponownie ustawiamy na samowarze, a po 3–5 minutach dopełniamy wrzącą wodą do pełna. Po pięciu minutach możemy już delektować się aromatyczną herbatą. Jej smak zależy w dużym stopniu nie tylko od jakości herbacianej mieszanki, ale i od wody (najlepiej jest używać do parzenia niegazowanej wody mineralnej albo oligoceńskiej), a także od pokrycia wnętrza samowaru – wysokiej klasy samowary srebrzono od środka, gdyż uważano, że srebro zapewnia wodzie lepszy smak i dobroczynne działanie zdrowotne (w tym samym celu moja babcia wrzucała do wody oligoceńskiej, przynoszonej specjalnie na herbatę, czyściutką przedwojenną srebrną monetę). Według wschodniej tradycyji pije się herbatę w szklankach, czaj powinien być niemal wrzący aby nie poparzyć dłoni, szklanki wyposażone są w koszyczki lub uchwyty. Herbatę przegryza się konfiturami (wiśniowe, truskawkowe, ale najlepsze te z „klukwy", czyli żurawiny) albo miodem. Mawia się, że rosyjska herbata powinna być zawsze taka, jaka powinna być kobieta – słodka, mocna i gorąca. Za cara cukier najczęściej był sprzedawany w tzw. „głowach" czy stożkowych formach, przed podaniem do herbaty rąbało się cukier na małe kawałki. Później taki cukier zastąpiono cukrem w kostkach. Herbatę niegdyś pijało się „na prikusku", to jest trzymając w ustach kawałek cukru. Rosjanie żartobliwie mawiali, że o ile za cara pijało się właśnie taką herbatę na prikusku, jednak po rewolucji ustąpiła ona miejsca herbacie „na prylizku" (herbatę wypił – cukier polizał), za władzy sowieckiej: najpierw „na prigladku", kiedy kostka cukru wisi nad stołem i pijący herbatę wpatrują się na nią, a następnie: „na prydumku" (herbatę wypił – o cukrze pomyślał). Jednak bez względu na zawirowania historyczno-polityczne i sytuację gospodarczą w Rosji czaj nadal jest narodowym napojem, ba szklanka herbaty – całą instytucją.

Z czasem samowary na węgiel zamieniono na łatwiejsze w użyciu samowary elektryczne, a dla tych, którzy mają bardziej tradycyjne gusty, są jeszcze samowary podgrzewane palnikiem spirytusowym, które nie dymią i mieszczą się bez trudu na każdym stole. Warto więc może powrócić do instytucji popołudniowej lub wieczornej herbaty z samowara...

WARTO WIEDZIEĆ

Jeśli kupujemy herbatę paczkowaną – w saszetkach lub sypką – uważnie czytajmy oznaczenia na opakowaniu. Warto też zwrócić uwagę na sam sposób pakowania. Ponieważ herbaciany susz jest bardzo higroskopijny, czyli łatwo chłonie wilgoć i obce zapachy – opakowanie powinno być szczelne. Najlepszą gwarancję daje metalowa puszka, mniejszą kartonowe pudełko owinięte folią.

Na opakowaniu herbaty, obok jej nazwy, kraju pochodzenia surowca i nazwy producenta, znajdziemy też dodatkowe oznaczenia. Warto wiedzieć, co one oznaczają. Ogólnie można przyjąć, że czym więcej liter skrót zawiera, tym bardziej herbata jest jakościowa.

Blend – mieszanka różnych herbat.

Broken (B) – susz z łamanych liści, który daje bardzo mocny napar.

Dust – najmniejsze okruszki herbaty z ostatniego przesiewu. Są bardzo sfermentowane i dlatego dają mocny napar już po krótkim zaparzaniu. Najczęściej wyrabia się z nich herbaty ekspresowe.

Fannings – pokruszone odsiewy liści herbacianych, dają mocno zabarwiony aromatyczny napój.

Flowery (F) – herbata zawierająca najmłodsze pędy tzw. „flesze" z pączkiem i dwoma listkami.

Golden (G) – wysokogatunkowa herbata dająca bursztynowy napar.

Orange (O) – nie ma nic wspólnego z pomarańczą, oznacza królewski gatunek herbaty otrzymywany z drugich liści na gałązce.

Pekoe – susz z liści grubych i krótkich.

Pure – bez żadnych domieszek, czyli herbata jednego gatunku o naturalnym aromacie.

Souchong (S) – herbata zawierająca duże, twarde, zwijane podłużnie liście o nierównych brzegach. Tak określa się też chińskie herbaty dymne.

Specjal lub Supreme – herbata wyjątkowa, doskonała, ale należy to traktować raczej jako zachętę do kupna niż określenie rodzaju herbacianego surowca.

Tip (T) – herbata najwyższej jakości, otrzymywana z nierozwiniętych pączków liściowych lub zawierająca ich znaczne domieszki

Jeśli więc na opakowaniu widnieje skrót FOP (Flowery Orange Pekoe), oznacza on herbatę bardzo wysokiej jakości składającą się z końcowego pączka i pierwszego liścia pędu. Zawiera tipsy – miękkie, młode liście i nie do końca rozwinięte pędy.

WARTO PAMIĘTAĆ

- Zanim kupimy herbatę na wagę, warto się jej przyjrzeć. Listki powinny być mniej więcej tej samej wielkości, bez domieszki pyłu czy fragmentów gałązek. Herbaty aromatyzowane muszą mieć zapach zgodny z ich nazwą. Czarna pomarańczowa powinna wyraźnie pachnieć pomarańczą, a brzoskwiniowa – brzoskwinią.
- Nie kupujmy od razu większej ilości nieznanego nam gatunku, zwłaszcza gdy jest drogi. W szanujących klienta herbacianych butikach można nawet nabyć 2–3 dag suszu. Bo jedynym naprawdę gwarantowanym sposobem oceny smaku i aromatu herbaty jest jej spróbowanie.
- Herbatę (zarówno naturalną, jak i owocową oraz ziołową) najlepiej przechowywać w hermetycznie zamykanych pojemnikach – puszkach lub słojach, najlepiej nieprzezroczystych. Nie powinna stać w pobliżu pikantnych i aromatycznych przypraw.
- Herbaty w domowych warunkach raczej nie powinno się przechowywać dłużej niż rok – z czasem niestety wietrzeje i traci aromat.
- Tradycyjnie parząc herbatę w dzbanku przeznaczamy na osobę 1 łyżeczkę i dodatkowo jedną łyżeczkę „dla czajnika".
- Herbaty owocowe i ziołowe parzy się zazwyczaj dłużej niż naturalne,

bo aż 8–10 minut, aby wydobyć pełnię aromatu.

DOBRA NA WSZYSTKO KRESOWA HERBATA

Moja grodzieńska babcia, Malwa, była miłośniczką dobrej herbaty. Była to taka typowa kresowa herbata, mocna, słodka i gorąca, podawana najchętniej z dodatkami, jednak, o dziwo, najczęściej nie były to wcale konfitury, ale jakaś owocowa »wkładka«, która nadawała herbacie niebywały aromat. Były to niedobre czasy późnego PRL-u, cytryny owszem pojawiały się, ale nie były w ciągłej sprzedaży. Tak więc, kiedy można je było kupić, babcia kupowała od razu większą ilość i przygotowywała cytrynową „wkładkę". Cytryny, wyparzone wrzątkiem i dokładnie wyszorowane kroiła (razem ze skórką, gdyż, jak twierdziła, w herbacie ważniejsza jest skórka niż sama cytryna) na plasterki, a każdy plasterek jeszcze raz, na półplasterki lub ćwierćplasterki, usuwając przy tym pestki (babcia wyhodowała z nich kilka dorodnych, pięknie kwitnących drzewek cytrynowych) i układała w szklanym, czystym słoiku, przesypując cukrem. Po 1–2 dniach wystarczyło włożyć łyżeczkę takiej cytryny do herbaty – i nie trzeba było nawet słodzić. Herbata była wspaniała... Podobnie można było przygotować pomarańcze... Zimą natomiast najlepszym dodatkiem do herbaty były żurawiny – przetarte przez sito, a później zmiksowane z cukrem, którego dodawało się „do smaku", tak,aby herbata była odpowiednio słodka. Podobnie też babcia przygotowywała mrożone owoce: maliny i truskawki, które rozmrażała, odciskając nadmiar wody, a następnie zasypywała cukrem w słoiczku... Oczywiście takich dodatków długo nie można przechowywać, ale łatwo je przygotować, a herbata z ich dodatkiem jest rzeczywiście pyszna, niebywale aromatyczna i pachnąca...

Znajomy Wilniuk opowiadał, że w jego rodzinnym domu podobnie przygotowywano herbatę z dodatkiem owoców pigwy (albo pigwowca). Pigwowe „jabłuszka" zbyt cierpkie, aby je jeść na surowo, krojono w kostkę i zasypywano cukrem. Gdy owoce zmiękły i puściły sok, wtedy dodawano je do herbaty.

W tamtych czasach herbata w torebkach była jeszcze rzadkością, w dodatku była pozbawiona aromatu, więc do dyspozycji pozostawała herbata liściasta, i to – powiedzmy sobie szczerze – w niezbyt dobrym gatunku... Jednak babcia miała i na taką herbatę sposób, bo kresowiacy są pod tym względem podobni do Anglików. Uważają, że szklanka herbaty jest dobra na wszystko. Jeśli nie rozwiąże wszystkich problemów, to przynajmniej ukoi duszę i wzmocni ciało, nie wspominając o fakcie, że sprzyja jaśniejszemu myśleniu, a więc i wyciąganiu konstruktywnych wniosków...

Pierwsza babcina zasada to taka, że herbata powinna być przechowywana w szczelnie zamkniętym pojemniku, najlepiej w metalowej puszce. A jeśli jest miernej jakości, to jej aromat można wzmocnić dodatkami: lekko potłuczonymi goździkami, kawałeczkiem kory cynamonowej, suszonymi owocami (jagody, maliny) czy wreszcie płatkami róży lub jaśminu, pączkami chryzantem (uwaga gorzkie!) albo ususzonymi listkami popularnego pokojowego geranium („anginka"), które nędzną namiastkę herbaty mogą zmienić w szlachetny płyn o aromacie Earl Greya.... Można także aromatyzować herbatę ususzoną skórką z jabłka, nadaje ona wspaniały owocowy aromat. Można także do puszki z herbatą włożyć ususzoną skórkę z pomarańczy, cytryny lub mandarynki (uwaga na środki konserwujące!). Owoce należy najpierw dokładnie sparzyć wrzątkiem, wyszorować i wytrzeć do sucha. Skórkę skrajamy cieniutko, bez białej warstwy albedo, kroimy w paseczki i suszymy.

Jeśli ktoś lubi herbatę bardzo mocną i aromatyczną, do puszki z herbatą można włożyć po ziarenku pieprzu i ziela angielskiego, ale to już raczej dodatek tylko dla miłośników indyjskiej kuchni, i potraw, które można by określić jako „piekło w gębie"... Dla miłośników orientalnych aromatycznych herbat godna polecenia jest także trawa cytrynowa, świeża (można ją hodować na parapecie) lub suszona (dostępna w większych sklepach).

Dzisiaj, oczywiście, mamy do dyspozycji wiele herbat smakowych, jednak taka własna domowa herbatka ma swój niezaprzeczalny urok... Warto na przykład przygotować sobie zimową rozgrzewającą herbatkę z dodatkiem cynamonu, goździków i skórki z cytrusów albo jabłka... Zapach i aromat są niezrównane.

Doskonałym dodatkiem do gorącej „kresowej" herbatki były też zawsze soki, a właściwie syropy owocowe. Za najlepszy i najzdrowszy uważano „od zawsze" sok malinowy, który tradycyjnie dolewano do herbaty, przeznaczonej dla osób przeziębionych i zmarzniętych. Doskonale rozgrzewała, a smakuje jeszcze lepiej! Poza tym równie dobrze smakują soki żurawinowy, wiśniowy czy truskawkowy. Dla szczególnie zmarzniętych stosowano tradycyjnie herbatę „z prądem", czyli wzmocnioną alkoholem... Najbardziej klasyczne alkohole do herbaty to oczywiście rum i arak (znaleźć dzisiaj arak to nie lada wyzwanie, a jak się go już znajdzie, to zazwyczaj okazuje się, że smakuje bardzo oryginalnie, a do herbaty... pasuje raczej średnio). Jeśli więc zależy nam głównie na aromacie, nie zaś na „mocy" herbaty, możemy prawdziwy alkohol zastąpić kropelką aromatu cukierniczego, choć oczywiście będzie to tylko namiastka. Wybitnie leczniczo stosowano herbatę z wódką lub spirytusem (pamiętam, że zazwyczaj dolewało się łyżeczkę spirytusu do soku malinowego, a dopiero potem wlewało się tę miksturę do herbaty). Jednak takie wzmocnienie miało działanie raczej jednostronnie terapeutyczne...

Uwaga! Przepisy podane w książce są zazwyczaj na 3–5 osób, wyjątkowo zaznaczono porcje dla 1 osoby.

HERBATA NA CO DZIEŃ

HERBATKA FINEZYJNA

Wypróbowany przepis na domową mieszankę.

- 10 dag czarnej herbaty liściastej
- pół laski cynamonu
- 1 łyżeczka goździków
- kilka gwiazdek anyżu

Wszystkie składniki dokładnie wymieszać i przełożyć do hermetycznie zamykanego pojemnika (puszki, słoika). Po 5 dniach można zacząć używać – parzyć jak zwykłą herbatę.

ZIMOWA HERBATKA

Taka mieszanka herbaciana najlepiej smakuje, kiedy na dworze śnieg i mróz...

- 10 dag czarnej herbaty liściastej
- cienko skrojona i wysuszona skórka z 1 dużej pomarańczy
- 7 lekko potłuczonych goździków
- pół laski cynamonu
- 3–4 łyżeczki kolendry

Skórkę pomarańczową i cynamon pokruszyć, wszystkie składniki razem wymieszać i przełożyć do hermetycznie zamykanego pojemnika (puszki, słoika). Po 5 dniach można zacząć parzyć jak zwykłą herbatę.

HERBATKA CHOINKOWA

Bardzo aromatyczna, doskonale rozgrzewa.

- 10 dag czarnej herbaty najlepiej granulowanej
- 1 łyżka startej skórki pomarańczowej
- 2 łyżki startej skórki cytrynowej
- 1 łyżeczka gałki muszkatołowej
- 1 łyżeczka goździków
- 1 łyżka cynamonu

Wszystkie składniki dokładnie wymieszać i przełożyć do hermetycznie zamykanego pojemnika (puszki, słoika). Po 5–7 dniach można zacząć parzyć jak zwykłą herbatę.

ANGIELSKA HERBATKA KOMINKOWA

- 10 dag czarnej herbaty
- 4 kawałki cynamonu
- cieniutko skrojona i wysuszona skórka z 1 małej lub połowy dużej cytryny
- 1 łyżeczka goździków

Cynamon i goździki lekko potłuc. Wszystkie składniki wymieszać, przełożyć do szczelnie zamykanego suchego słoika bądź hermetycznie zamykanej puszki i odstawić przynajmniej na tydzień. Parzyć jak zwykłą herbatę, najlepiej w termosie lub porcelanowym dzbanku, około 3–4 minut. Podawać raczej bez cukru.

HERBATA POMARAŃCZOWA

- 4–5 torebek lub tyle samo łyżeczek czarnej herbaty
- 1 kawałek cieniutko skrojonej skórki pomarańczowej
- pół szklanki soku z pomarańczy
- cukier lub miód do smaku

Herbatę przełożyć do dzbanka lub termosu razem ze skórką pomarańczową, zaparzyć trzema szklankami wrzącej wody. Dodać sok pomarańczowy i posłodzić do smaku.

HERBATKA ZAŚCIANKOWA

- 6 torebek lub 6 łyżeczek czarnej herbaty (może być z owocowym aromatem)
- 1 szklanka malin
- 1 szklanka porzeczek
- pół szklanki cukru
- pół cytryny

Oczyszczone owoce dokładnie zmiksować lub przetrzeć przez sito. Herbatę zaparzyć sześcioma szklankami wrzącej wody, osłodzić i wymieszać, tak aby cukier się rozpuścił. Dodać cytrynę pokrojoną w plasterki lub sok cytrynowy. Ostudzić. Wymieszać z przecierem owocowym i mocno schłodzić w lodówce. Podawać ze słomką i ewentualnie kostkami lodu. Zamiast mieszanych owoców możemy wykorzystać same maliny albo same porzeczki, do tego celu nadają się także truskawki i jeżyny. Zimą możemy wykorzystać owoce mrożone, które uprzednio należy zalać niewielką ilością wrzątku i rozmrozić. Jeśli ktoś lubi mocny aromat, może dodać do takiej herbaty cukier waniliowy.

HERBATA KORZENNA

- 4 torebki lub 4 łyżeczki czarnej herbaty
- 1 łyżeczka goździków
- kawałek kory cynamonowej lub spora szczypta cynamonu
- 4 ziarenka ziela angielskiego lekko potłuczone
- sok z połowy cytryny
- cukier lub miód do smaku

Herbatę zalać (najlepiej w termosie) czterema szklankami wrzącej wody, zaparzyć. Przecedzić do dzbanka, dodać sok z cytryny i posłodzić do smaku.

HERBATA PO HRABIOWSKU

- 6 torebek lub 6 łyżeczek czarnej herbaty
- sok i skórka starta z 1 cytryny i z 1 pomarańczy
- szczypta cynamonu
- cukier waniliowy
- pół szklanki cukru

Starte skórki zalać trzema szklankami wody, zagotować na małym ogniu. Dodać cukier i szczyptę cynamonu, wymieszać, tak aby cukier się rozpuścił. W międzyczasie zalać liście herbaty pięcioma szklankami wrzącej wody (najlepiej źródlanej). Przecedzić albo usunąć torebki. Do herbaty dodać syrop cukrowy oraz sok z cytrusów i dokładnie wymieszać. Sprawdzić smak, ewentualnie dosłodzić. Taką herbatę można podawać także z dodatkiem rumu, brandy lub koniaku.

HERBATKA NIECO NA RAUSZU

Specjalnie dla miłośników napojów lekko alkoholowych...

- 1–2 szklanki porzeczek lub malin
- 1 szklanka cukru
- 4–6 szklanek mocnej, świeżo zaparzonej czarnej herbaty (może być aromatyzowana)

Porzeczki oczyścić, przełożyć do czystego słoja, zasypać cukrem. Słój przykryć płatkiem gazy zabezpieczonym gumką recepturką i umieścić na słońcu na jeden dzień. Następnego dnia porzeczki wymieszać ze świeżo zaparzoną herbatą, ewentualnie dosłodzić. Można pić na ciepło, można też schłodzić i podawać z lodem. Jeśli ktoś lubi „winny aromat", może pozostawić owoce na słońcu nawet przez 2–3 dni – sok zacznie wtedy fermentować.

HERBATA ODALISKI

Czyli tradycyjna herbata orientalna.

- 6 łyżeczek herbaty (czarna, zielona, biała)
- 4 łyżeczki suszonej mięty
- pół lub więcej szklanki cukru

Herbatę zaparzyć dwiema szklankami wody, podobnie przygotować miętę. Zagotować jeszcze dwie szklanki wody, dodać cukier, dokładnie wymieszać, tak aby cukier się rozpuścił. Herbatę i miętę przecedzić, połączyć z cukrowym syropem, ostudzić i schłodzić w lodówce. Latem najlepiej podawać z kostkami lodu i gałązką świeżej mięty.

HERBATA BAJECZNA

- 4 szklanki świeżo zaparzonej herbaty
- 4 połówki brzoskwini lub plastry ananasa z puszki
- ewentualnie cukier do smaku

Owoce pokroić w kostkę lub cienkie plasterki, przełożyć do dzbanka, zalać gorącą herbatą. Odstawić na 5 minut. Miłośnicy słodkiej herbaty mogą dodać również zalewę z puszki, a ci, którzy cenią sobie aromat cytrynowy, mogą dodać plasterek cytryny na szklankę. Taką herbatę można z powodzeniem także „wzmocnić", dodając kieliszek rumu albo brandy.

BOSTOŃSKA HERBATKA

- 6 szklanek mocnej, świeżo zaparzonej herbaty (czarna, zielona, biała, aromatyzowana)
- 2 pomarańcze
- 1 mała cytryna lub pół dużej
- pół szklanki cukru
- 6 goździków

Cytrusy dokładnie wyszorować i cieniutko skroić skórkę lub zetrzeć ją na tarce. Zalać jedną szklanką wrzącej wody i gotować na małym ogniu pod przykryciem około 5 minut. Dodać cukier, sok z cytrusów i lekko potłuczone (albo zmielone) goździki, dokładnie wymieszać, tak aby cukier się rozpuścił. Przecedzić i wymieszać z herbatą. Podawać bardzo gorącą.

Tea

HERBATA PO BOURBOŃSKU

- 4 szklanki mocnej, świeżo zaparzonej dobrej czarnej herbaty
- 1 duża pomarańcza
- 1 szklanka koniaku
- cukier

Herbatę osłodzić do smaku i przelać do dzbanka. Pomarańczę wyszorować i pokroić razem ze skórką na cienkie plasterki, które przekroić na połówki lub ćwiartki, usuwając przy tym pestki. Włożyć do dzbanka z herbatą, a następnie wlać koniak. Ostudzić i schłodzić w lodówce. Podawać w wysokich szklankach z kostkami lodu.

HERBATA PO KRYMSKU

- 6 torebek lub 6 łyżek herbaty (czarna, zielona, biała)
- pół szklanki cukru
- 4 łyżki dobrego dżemu (wiśniowy, malinowy, żurawinowy, porzeczkowy, truskawkowy itp.)
- sok z 1 pomarańczy
- sok z 1 cytryny
- 6 lekko potłuczonych goździków
- cynamon

Liście herbaty zaparzyć pięcioma szklankami wrzącej wody (najlepiej w termosie lub dzbanku). Przyprawy zalać szklanką wody, zagotować na małym ogniu. Dodać cukier i mieszać aż się rozpuści, przecedzić i wymieszać z dżemem, a następnie z herbatą i sokami z cytrusów. Podawać gorące.

HERBATA KOLONIALNA

Na 1 osobę:

- 1 torebka mocnej czarnej herbaty
- szczypta cynamonu
- ćwierć szklanki mleka
- cukier do smaku

Herbatę zalać trzy czwarte szklanki wody, dodać cynamon i zaparzyć pod przykryciem. Dolać mleko i posłodzić do smaku. Podawać najlepiej w filiżance, doskonałym dodatkiem będzie bita śmietana (może być w sprayu).

HERBATA KSIĘŻNEJ BEDFORD

Tak podobno najchętniej podawano herbatę podczas słynnych „five o'clock" angielskiej arystokracji.

- 5–6 łyżek lub 4 torebki czarnej herbaty
- 1 szklanka słodkiej śmietanki
- cukier

Liście herbaty zaparzyć trzema szklankami wrzącej wody – najlepiej w termosie. Śmietankę mocno podgrzać. Świeżo zaparzoną herbatę przelać do filiżanek (do trzech czwartych wysokości, uzupełnić gorącą śmietanką). Posłodzić do smaku.

TRADYCYJNA BAWARKA

- 5 torebek czarnej herbaty
- 1 szklanka mleka
- cukier

W dzbanku zaparzyć herbatę czterema szklankami wrzącej wody (najlepiej źródlanej). Oddzielnie zagotować mleko. Do każdej szklanki wlewać około ćwierć szklanki mleka i uzupełnić do pełna herbatą. Posłodzić do smaku.

HERBATA à LA JAMES BOND

We współczesnej wersji angielskiej do herbaty podaje się mleko skondensowane – dwie łyżki na szklankę.

- mocna czarna herbata
- cukier
- mleko skondensowane

Liście herbaty zaparzyć dwiema lub trzema szklankami wrzącej wody, najlepiej w termosie. Odstawić na kwadrans. Po tym czasie dodać mleko i cukier. Podawać na gorąco.

HERBATA KARMELANKA

- 2 szklanki mleka
- 3 torebki czarnej herbaty
- 5 łyżek cukru
- 2 żółtka

Herbatę zaparzyć jedną szklanką wrzącej wody (najlepiej w termosie). Cukier podgrzewać na patelni mieszając do chwili, aż powstanie karmel. Gotowy karmel pokruszyć i dodać do mleka, zagotować. Z herbaty usunąć torebki, przelać do pojemnika miksera razem z mlekiem i dwoma żółtkami. Dokładnie zmiksować. W wersji dla dorosłych można dolać jeszcze kieliszek koniaku lub brandy.

HERBATKA KSIĄŻĘCA

- 4 torebki mocnej czarnej herbaty lub herbaty owocowej
- 1 szklanka śmietany kremówki
- 1 torebka cukru waniliowego
- 4 łyżeczki cukru pudru
- 4 kieliszki rumu
- szczypta soli

Herbatę zalać trzema szklankami wrzącej wody – najlepiej w termosie. Schłodzoną śmietankę ubić ze szczyptą soli na sztywną pianę, a następnie dalej ubijać dodając cukier waniliowy i cukier puder. Herbatę przecedzić i przelać do filiżanek, do każdej wlać kieliszek rumu i przybrać „czapą" bitej śmietanki.
W wersji szczególnie eleganckiej herbatę możemy zaparzyć z dodatkiem szczypty cynamonu i lekko potłuczonych goździków, natomiast w wersji ekspresowej – możemy wykorzystać bitą śmietankę w sprayu.

HERBATA HOLSZTYŃSKA

- 4 szklanki mleka
- 4 łyżeczki czarnej herbaty
- 3 żółtka
- 3 czubate łyżeczki cukru
- ewentualnie cukier waniliowy

Herbatę zalać wrzącym mlekiem, odstawić na 5 minut, a następnie przecedzić. Żółtka utrzeć na krem z cukrem (miłośnicy bardziej aromatycznej herbaty mogą dodać także cukier waniliowy) i, stale mieszając, dolać kilka łyżek ciepłej wody, a następnie połączyć z zaparzoną herbatą, uważając, aby się żółtka nie ścięły. Jeśli herbata w międzyczasie wystygnie, można napój lekko podgrzać, uważając, aby go nie zagotować.

HERBATKA „MIĘTOWE POLA"

Herbata o szlachetnym „angielskim" aromacie, świetnie zaspokaja pragnienie i odpręża.

- 3 szklanki świeżo zaparzonej czarnej herbaty
- pół szklanki słodzonego mleka skondensowanego
- garść zgniecionych listków świeżej mięty

Herbatę wymieszać z mlekiem skondensowanym i przelać do szklanek. Przed podaniem do każdej szklanki wrzucić łyżeczkę listków mięty. Taką herbatę można podawać na ciepło i schłodzoną.

MASALA CZAJ

- 1–2 łyżeczki czarnej herbaty granulowanej
- 2 szklanki wody
- 1 szklanka mleka
- 1 łyżeczka świeżo zmielonego zielonego kardamonu (uwaga: nie czarnego!)
- 1 goździk ubity w moździerzu
- mały kawałek kory cynamonu – dokładnie zmielony ze szczyptą: gałki muszkatołowej, suszonego imbiru kilka plasterków (2–3) świeżego imbiru opcjonalnie: trawa cytrynowa
- ćwierć łyżeczki anyżu

Mleko i wodę wlać do rondelka, wsypać przyprawy i zagotować na wolnym ogniu. Następnie wsypać herbatę i znowu zagotować. Zdjąć z ognia. Odstawić na kilka minut, przelać herbatę przez sitko do kubeczków i posłodzić.

HERBATA PO KENIJSKU

Tak przygotowaną herbatę w Kenii pija się na śniadanie, ale i do obiadu.

- 2 szklanki świeżo zaparzonej herbaty
- 2 szklanki mleka
- imbir w proszku

Herbatę należy zaparzyć w garnku lub termosie, wodę zagotować. Do kubków wlewać pół szklanki herbaty, dopełnić mlekiem i doprawić szczyptą imbiru do smaku.

HERBATA PO SZWEDZKU

W Skandynawii tradycyjnie pija się bardzo dużo mleka...

- 5–6 łyżek herbaty liściastej
- 3 szklanki mleka

Herbatę wsypać do kubka lub termosu i zalać wrzącym mlekiem. Zaparzać trochę dłużej niż zwykłą herbatę, następnie odcedzić i posłodzić. Zimą Szwedzi pijają ją na gorąco, latem – silnie schłodzoną, z lodówki. Podobnie w Skandynawii przygotowuje się także herbatę z kwiatu lipowego. Parzoną w ten sposób herbatę dobrze jest słodzić miodem (najlepszy jest kwiatowy, leśny, lipowy lub akacjowy).

HERBATKA ROMANTYCZNA

Znakomita na wieczory przy świecach...

- 4 szklanki świeżo zaparzonej herbaty jaśminowej lub owocowej (wiśniowej, malinowej itp.) względnie dobrej jakości czarnej herbaty
- 1 szklanka wiśniówki
- cukier

Herbatę osłodzić do smaku – nie powinna być zbyt słodka, połączyć z wiśniówką i podawać w małych, najlepiej ceramicznych filiżankach – zimą i schłodzoną w wysokich szklankach – latem. Podobno jeszcze lepsza jest taka herbata z wiśniami w likierze – do każdej szklanki należy włożyć kilka owoców. Można także wrzucić plasterek cytryny.

HERBATA NA LATO

EKSPRESOWA AMBROZJA

Przy przygotowaniu deserów często korzystamy z pysznych owoców w zalewie – brzoskwini, ananasa, mandarynek czy mieszanek tropikalnych. Czasami pozostaje nam zalewa, dla której nie ma w danym momencie praktycznego zastosowania. Taką zalewę najlepiej przelać do woreczków lub pojemników na kostki lodu i zamrozić w zamrażarce – można je przechowywać bardzo długo. Kiedy gorąco daje się nam we znaki, wystarczy zaparzyć ulubioną herbatę i wrzucić do niej kilka takich smakowych kostek, a herbata stanie się wspaniałym napojem. Podobne smakowe kostki można także przygotować z soków ze świeżych owoców albo nieco rozcieńczonych syropów owocowych.

HERBATKA DOPINGUJĄCA

Doskonale pobudza, pod warunkiem, że parzy się ją co najwyżej 3 minuty. Dłużej parzona działa usypiająco.

- 5 torebek lub 5 łyżeczek liściastej czarnej herbaty
- 1 cytryna
- cukier lub miód
- 1 szklanka zimnej wody (może być gazowana)
- 1 gałązka świeżej mięty
- kostki lodu

Połowę cytryny pokroić w cienkie plasterki, z połowy wycisnąć sok. Liście herbaty zalać trzema szklankami wrzącej wody, posłodzić do smaku, dodać sok z cytryny i szklankę zimnej wody. Wymieszać. Podawać w szklankach z kostkami lodu, plasterkiem cytryny i łyżeczką listków mięty.

HERBATA à LA LORD BYRON

Jeden z bardziej udanych przepisów brytyjskiej kuchni...

- 3 szklanki dobrego mleka
- 6 łyżeczek czarnej aromatycznej herbaty, najlepiej earl grey
- 8 łyżeczek cukru
- 4 kieliszki brandy lub koniaku

Mleko zagotować i ostudzić do temperatury pokojowej. Herbatę zalać szklanką wrzątku i zaparzyć pod przykryciem, a następnie przecedzić. Herbatę połączyć z mlekiem, posłodzić i schłodzić w lodówce. Przed podaniem wlać alkohol, wymieszać i przelać do wysokich szklanek lub filiżanek. Można także wrzucić do każdej szklanki po 1–2 kostki lodu. Jeśli ktoś lubi napoje bardzo aromatyczne, można do gotującego się mleka dodać jeszcze kawałeczek laski wanilii.

CZARNA WISIENKA

Smaczna i bardzo aromatyczna.

- 4–5 torebek czarnej mocnej herbaty
- pół szklanki wiśni z kompotu lub z zalewy
- 2 szklanki soku pomarańczowego
- cukier do smaku
- kostki lodu
- ewentualnie woda gazowana

Liście herbaty zalać trzema szklankami wrzącej wody (najlepiej w termosie), a następnie usunąć torebki. Wymieszać z sokiem pomarańczowym, ostudzić i schłodzić w lodówce. Podawać w pucharkach, z dodatkiem wiśni i kostek lodu. Można przed podaniem dodać schłodzoną wodę gazowaną i/lub 1 kieliszek wiśniówki albo brandy czy rumu.

MROŻONA HERBATA KLASYCZNA

Latem niezastąpiona.

- 5 łyżek lub 4 torebki herbaty (czarna lub owocowa)
- 6–7 łyżeczek cukru
- sok i skórka starta z połowy cytryny

Herbatę przelać do dzbanka i zalać dwiema szklankami wrzącej wody, przecedzić. Dwie szklanki wody zagotować na małym ogniu z cukrem, sokiem cytrynowym i skórką. Mieszać do chwili, aż cukier całkiem się rozpuści. Ostudzić. Połączyć herbatę i syrop cytrynowy, a następnie silnie schłodzić w lodówce. Podawać lodowatą, najlepiej ze słomką i kostkami lodu. Cytrynę można zastąpić pomarańczą, można także wzmocnić aromat syropu dodatkiem cukru waniliowego.

HERBATA à LA MOUNT EVEREST

Doskonale ochładza i dodaje siły...

- 6 filiżanek świeżo zaparzonej, mocnej czarnej herbaty (najlepiej Darjeeling)
- kostki lodu
- cukier
- 1–2 jabłka
- 1 cytryna
- garść świeżych listków mięty lub melisy

Herbatę osłodzić do smaku. Jabłka pokroić na cienkie plasterki, usuwając gniazda nasienne. Cytrynę dobrze wyszorować i pokroić w półplasterki (razem ze skórką). Do dużego szklanego dzbanka włożyć cytrynę i jabłka oraz listki mięty, zalać herbatą i odstawić na pół godziny. Przed podaniem dodać dużo kostek lodu.

AMERYKAŃSKA HERBATA NA SKAŁACH (TEA ON THE ROCKS)

Powinna być tak zimna, żeby aż zęby szczękały!

- 4 szklanki dobrej źródlanej wody
- 4 szklanki wody mineralnej
- $^1/_3$ filiżanki liściastej herbaty (może być aromatyzowana)
- kostki lodu
- sok z cytryny
- cukier

Liście herbaty zaparzyć czterema szklankami wrzącej wody, przykryć i parzyć 5 minut. Następnie przecedzić i wlać do dzbanka z silnie schłodzoną wodą mineralną. Wymieszać, dodać cukier i sok z cytryny. Przelać do szklanek, do każdej wrzucając kostki lodu.

EARL GREY POD JABŁONKĄ

Prawdziwa poezja herbaciana...

- 6 szklanek świeżo zaparzonej mocnej herbaty Earl Grey
- ćwierć szklanki miodu
- 2 szklanki soku jabłkowego
- pół cytryny

Gorącą herbatę wymieszać z miodem. Wlać sok jabłkowy. Cytrynę pokroić w plasterki, dodać do herbaty. Ostudzić, a następnie schłodzić w lodówce. Podawać w szklanym dzbanku, z dodatkiem dużej porcji lodu.

UŚMIECH MAHARANI

Bardzo aromatyczna i szlachetna w smaku.

- 4 szklanki świeżo zaparzonej herbaty
- 1 cukier waniliowy
- 1 łyżeczka mielonego kardamonu
- cukier, cytryna w plasterkach

Herbatę wymieszać z cukrem waniliowym i kardamonem, osłodzić do smaku, ostudzić do temperatury pokojowej, a następnie schłodzić w lodówce. Podawać w wysokich szklankach z kostkami lodu, umieszczając w każdej szklance cienki plasterek cytryny. Jeśli lubimy mocne aromaty, można herbatę zaparzyć w dzbanku, dodając od razu kardamon i przekrojony wzdłuż kawałek laski wanilii.

HERBACIANY PONCZ IMIENINOWY

Delikatny w smaku, odpowiedni także i dla najmłodszych.

- 4 torebki świeżo zaparzonej mocnej herbaty Earl Grey
- 1 litr soku jabłkowego
- pół litra soku ananasowego
- cukier do smaku
- kostki lodu

Herbatę posłodzić i wymieszać z sokami owocowymi. Schłodzić w lodówce. Przed podaniem dodać kostki lodu.

HERBATA CZERWONE SŁONECZKO

Herbata prawdziwie owocowa...

Na 1 osobę:

- 1 torebka herbaty owocowej (najlepiej z owoców leśnych)
- 2 łyżki syropu z malin, truskawek, wiśni lub żurawin
- garść świeżych owoców (maliny, truskawki, wydrylowane wiśnie lub czereśnie, porzeczki itp.)
- cukier
- kostki lodu

Herbatę zalać w dzbanku wrzącą wodą, przykryć i parzyć 5 minut. Dodać syrop owocowy, ewentualnie dosłodzić do smaku. Ostudzić, a następnie schłodzić w lodówce. Przed podaniem dodać świeże owoce i lód.

HERBATA SAHARA

Bajecznie zaspokaja pragnienie, nawet podczas największych upałów.

- 5–6 niedużych grejpfrutów
- 5 szklanek mocnej, świeżo zaparzonej czarnej herbaty
- 5 łyżek cukru
- kostki lodu

Grejpfruty dokładnie wyszorować, sparzyć wrzątkiem i razem ze skórką, pokroić w cienkie plasterki, a każdy plasterek przekroić na połowę lub cztery części. Przełożyć do salaterki, przesypując cukrem i zalać świeżo zaparzoną, gorącą herbatą. Odstawić na kilka godzin, najlepiej na noc. Następnego dnia przecedzić i przelać do dzbanka albo termosu, dodając kostki lodu. Można także wycisnąć z grejpfrutów sok i wymieszać ze świeżo zaparzoną herbatą, posłodzić do smaku, jednak ta wersja jest zdecydowanie mniej aromatyczna.

HERBATA PO TURKIESTAŃSKU

Smak Orientu, który jednak nie każdemu odpowiada...

- 12 łyżeczek herbaty chińskiej
- 4 szklanki źródlanej wody
- 1 płaska łyżeczka mielonego imbiru
- 1 płaska łyżeczka mielonego cynamonu
- 4 potłuczone goździki
- 10 roztartych zielonych liści mięty
- sok z 3 cytryn
- cukier do smaku
- kostki lodu

Herbatę razem z przyprawami włożyć do wyparzonego dużego dzbanka albo termosu i zalać wrzątkiem. Przykryć i odstawić na 5 minut. Doprawić do smaku sokiem cytrynowym i cukrem, przecedzić, a następnie schłodzić. Herbatę podawać z kostkami lodu w szklankach lub filiżankach.

KSIĘŻYCOWA SERENADA

Jeden z najsmaczniejszych napojów herbacianych... w sam raz dla zakochanych.

- 1 szklanka schłodzonej, mocno osłodzonej herbaty
- 1 szklanka ciemnego rumu
- sok z połowy cytryny
- 1 szklanka wiśni z kompotu
- lód

Sok z cytryny, herbatę i rum wymieszać. Do szklanek włożyć wiśnie i kostki lodu. Zalać napojem herbacianym. Podawać ze słomką.

HERBATA PO ESKIMOSKU

To właściwie nie napój, ale nadzwyczaj smaczny deser.

- 4 płaskie łyżki herbaty
- 8 kulek mocno zamrożonych lodów śmietankowych
- sok pomarańczowy
- starta skórka z 1 dużej pomarańczy
- 1 szklanka śmietanki kremówki
- 3 łyżki cukru pudru i cukier waniliowy
- 1 łyżka miodu

Sok pomarańczowy wymieszać z połową szklanki przegotowanej wody i zamrozić w pojemniku do kostek lodowych. Liście herbaty zalać trzema szklankami wody i zaparzyć (najlepiej w termosie), a następnie przecedzić i wymieszać z miodem. Schłodzić w lodówce.

Schłodzoną kremówkę ubić ze szczyptą soli na sztywną pianę, a następnie dalej ubijając dodawać cukier puder i cukier waniliowy. Herbatę przelać do filiżanek, do każdej włożyć 2–3 kostki mrożonego soku, 2 gałki lodów i przybrać bitą śmietaną. Posypać startą skórką pomarańczową.

CIEŃ WYSOKIEGO DRZEWA

Chłodzi wspaniale i smakuje wybornie…

- 4 szklanki mocnej, świeżo zaparzonej czarnej herbaty
- pół szklanki skondensowanego słodkiego mleka
- garść świeżych listków mięty lub melisy
- kostki lodu

Herbatę ostudzić, a następnie schłodzić w lodówce. Przed podaniem wymieszać z mlekiem i przelać do wysokich szklanek, z kostkami lodu. Każdą porcję obficie posypać listkami mięty.

HERBATA PO BOMBAJSKU

Klasyczny orientalny smak...

- 6 torebek lub 6 łyżeczek czarnej herbaty
- 12 goździków
- 12 ziarenek ziela angielskiego
- szczypta cynamonu lub kawałek kory cynamonowej
- 1 mała cytryna

Liście herbaty zaparzyć pięcioma szklankami wrzącej wody (najlepiej w termosie albo w dzbanku z przykrywką). Cytrynę wyszorować, sparzyć wrzątkiem i obrać ze skórki. Goździki i ziele angielskie lekko potłuc. Skórkę cytrynową oraz przyprawy przełożyć do rondelka, zalać jedną szklanką wody i gotować na małym ogniu około 5 minut, przecedzić. Herbatę wymieszać z wywarem korzennym i mocno schłodzić. Cytrynę pokroić w talarki, dodać do schłodzonej herbaty. Tak przygotowaną herbatę zazwyczaj pije się bez słodzenia.

SEN NOCY TROPIKALNEJ

- 1 szklanka świeżo zaparzone, delikatnej w smaku zielonej lub białej herbaty
- 1 szklanka nektaru albo soku ananasowego
- kostki lodu

Herbatę ostudzić, wymieszać albo zmiksować z nektarem ananasowym. Do szklanek włożyć po kilka kostek lodu i zalać mieszanką herbacianą. Podawać najlepiej ze słomką.

HERBATA PO POLINEZYJSKU

Znakomity napój o orientalnym smaku.

- 1 puszka ananasa w zalewie
- sok z połowy cytryny
- 4 torebki esencjonalnej herbaty (czarna lub smakowa, np. malinowa)
- mielony imbir
- półtora litra (6 szklanek) wody gazowanej
- cukier (najlepiej brunatny) do smaku

Liście herbaty zaparzyć pięcioma szklankami wrzącej wody (najlepiej w termosie). Ananas odsączyć (zalewę zachować), pokroić w niewielką kostkę i zalać herbatą, dodać sok z cytryny i cukier do smaku, ostudzić. Dodać zalewę, wymieszać i schłodzić w lodówce. Przed podaniem wymieszać ze schłodzoną wodą gazowaną i szczyptą imbiru. Podawać w wysokich szklankach, do każdej można także wrzucić kilka kostek lodu.

HERBATA KRÓLEWSKA

Naprawdę znakomita.

- 5 łyżek lub 4 torebki herbaty (czarna lub owocowa)
- 6–7 łyżeczek cukru
- pół laski wanilii lub 1 cukier waniliowy

Herbatę w dzbanku zalać dwiema szklankami wrzącej wody (najlepiej źródlanej). Dwie szklanki wody zagotować na małym ogniu z cukrem i wanilią albo cukrem waniliowym. Mieszać do chwili, aż cukier całkiem się rozpuści. Połączyć herbatę (torebki należy usunąć) i syrop waniliowy, ostudzić, a następnie schłodzić w lodówce. Podawać lodowatą, najlepiej ze słomką i kostkami lodu.

HERBATKA HAMAKOWA

Pomaga cieszyć się życiem...

- 3 szklanki mocnej, świeżo zaparzonej czarnej herbaty
- skórka cienko skrojona z połowy cytryny
- 1–2 goździki
- ćwierć laski wanilii
- 2 pomarańcze
- 1 kieliszek rumu lub koniaku
- cukier do smaku
- kostki lodu

Do dzbanka włożyć pokrojoną wanilię, goździki i skórkę cytrynową, zalać świeżo zaparzoną herbatą. Osłodzić do smaku, wymieszać i ostudzić, a następnie schłodzić w lodówce. Pomarańcze obrać i pokroić na ćwierćkrążki, usuwając pestki, dodać do herbaty i ponownie wstawić do lodówki na 20–30 minut. Do schłodzonej herbaty wlać alkohol, wymieszać i przelać do wysokich szklanek z kilkoma kostkami lodu. Przybrać plasterkiem pomarańczy.

LETNIA BRYZA

Koi pragnienie i uspokaja…

- 4 szklanki świeżo zaparzonej herbaty cytrynowej (może być też łagodna herbata zielona o cytrynowym aromacie) lub białej herbaty
- 1 szklanka białego musującego wina
- cukier do smaku
- kostki lodu

Liście herbaty zalać trzema szklankami wrzącej wody. Herbatę osłodzić (nie powinna być zbyt słodka, można też w ogóle zrezygnować z cukru) i ostudzić, a następnie schłodzić w lodówce. Przed podaniem wymieszać w dzbanku z musującym winem, podawać w wysokich szklankach z kostkami lodu i słomką. Podobnie można także podawać czarną herbatę zaparzaną z listkami trawy cytrynowej.

HERBATA IMPERIAL

Doskonała na gorące sierpniowe noce…

- 4 szklanki mocnej, świeżo zaparzonej herbaty (czarna, biała, zielona, aromatyzowana)
- cukier lub miód do smaku (najlepiej akacjowy lub lipowy)
- pół cytryny lub limonki
- ćwierć arbuza
- ewentualnie pół szklanki brandy lub koniaku

Miąższ arbuza oczyścić z pestek, pokroić w kostkę. Skropić odrobiną soku z cytryny. Herbatę posłodzić miodem, dodać pokrojoną na kawałki cytrynę i, ewentualnie, brandy, mocno schłodzić. Przelać do wysokich szklanek, wrzucając do każdej garść kostek lodu, kilka kostek arbuza i 1–2 plasterki cytryny. Można również specjalnym przyrządem wyciąć z arbuza kulki. Zamiast arbuza możemy wykorzystać także i melon – herbata będzie równie doskonała…

SOPOCKA BOWLA HERBACIANA

Odpowiednia nawet na najbardziej wykwintne spotkania towarzyskie.

- 5 łyżek lub 5 torebek czarnej herbaty
- 4 szklanki wody
- 10–15 dag cukru
- 1 cytryna
- 2 pomarańcze
- 1 szklanka soku pomarańczowego
- 1 szklanka soku cytrynowego
- 15–20 dag drobnych lub drobno pokrojonych owoców (mogą być mrożone): truskawki, poziomki, wiśnie, morele, ananas, brzoskwinie, banany, jabłka, gruszki
- 2 szklanki gazowanej wody mineralnej

Liście herbaty zalać trzema szklankami wrzącej wody (najlepiej w termosie). Parzyć 5 minut, przecedzić (ewentualnie usunąć torebki), osłodzić do smaku, a następnie połączyć z sokami. Cytrynę i pomarańczę sparzyć wrzątkiem i dobrze wyszorować, a potem pokroić na ćwierćplasterki, przy okazji usuwając pestki. Jeśli wykorzystujemy mrożone owoce, należy je uprzednio rozmrozić. Wszystkie owoce wymieszać z przygotowaną herbatą, schłodzić w lodówce. Przed podaniem wymieszać z wodą gazowaną i od razu podawać. Można także dodać kostki lodu. Doskonałym uzupełnieniem są listki świeżej melisy, dodane bezpośrednio przed podaniem.

HERBATA NA ZIMĘ

ŚWIĄTECZNA HERBATKA KOMINKOWA

Najbardziej smakuje, kiedy za oknem mróz i śnieg, a w domu wesoło pali się ogień na kominku...

- 4 torebki herbaty (czarna lub jabłkowa)
- 1 pomarańcza z grubą skórką
- 4 goździki
- szczypta cynamonu
- cukier lub miód do smaku

Goździki lekko potłuc, przełożyć do dzbanka, dodać cynamon i torebki herbaty, zalać czterema szklankami wrzącej wody i parzyć 5 minut (jeśli zależy nam na szczególnie aromatycznej herbacie, najlepiej zaparzyć ją w termosie). Posłodzić do smaku. Pomarańczę wyszorować i sparzyć wrzątkiem. Razem ze skórką pokroić na półplasterki, usuwając nasiona. Plasterki pomarańczy wrzucić do dzbanka, dokładnie wymieszać – odstawić jeszcze na minutę, a następnie przelać. W innej wersji do każdej szklanki (a jeszcze lepiej fajansowego kubka) należy włożyć 1–2 plasterki pomarańczy i zalać herbatą.

HERBATKA PANI ELI

- pół aromatycznego jabłka
- 4 torebki lub 4 łyżeczki czarnej herbaty
- cukier lub miód

Herbatę zaparzyć (najlepiej w termosie), a następnie usunąć torebki. Jabłko dobrze wymyć i pokroić na cienkie plasterki, a potem każdy kawałek pokroić na 4 części. Kawałki jabłka dodać do herbaty i zaparzać jeszcze kilka minut. Przelać do dużych, najlepiej fajansowych kubków i posłodzić do smaku.

W wersji świątecznej herbatę można zaparzyć z dodatkiem szczypty cynamonu i pokruszonych goździków. Zamiast świeżych jabłek można użyć suszoneych; można też wykorzystać brzoskwinie, herbata z nimi ma fantastyczny smak i zapach.

HERBATKA ALL SPICES

Oryginalny korzenny smak – specjalnie dla smakoszy.

- herbata Earl Grey
- 3–4 goździki
- po szczypcie mielonego cynamonu i imbiru
- 3–4 ziarna kolendry i ziela angielskiego

Do dzbanka lub termosu włożyć herbatę (w ilości 1 torebka lub 1 łyżeczka na osobę oraz 1 łyżeczka dodatkowo). Dodać przyprawy i zalać gorącą wodą. Parzyć 5 minut. Dosłodzić do smaku i pić bardzo gorącą.

ŚLĄSKA HERBATKA

- 3 szklanki mocnej, świeżo zaparzonej herbaty
- pół cytryny (koniecznie ze skórką)
- 1 szklanka rumu
- cukier do smaku

Do termosu wlać trzy szklanki herbaty, uzupełnić rumem. Dodać gruby plasterek cytryny i osłodzić do smaku. Pić jak najgorętszą.

HERBATKA PO SZKOCKU

Absolutnie niewskazana dla kierowców.

- 3 szklanki mocnej, świeżo zaparzonej czarnej herbaty (niearomatyzowanej)
- miód (najlepiej wrzosowy)
- $^1/_2$–1 szklanka whisky

Świeżo zaparzoną herbatę posłodzić do smaku miodem, wlać whisky i przelać do szklanek. Pić póki gorąca.

MAZURSKA HERBATKA KOMINKOWA

Pije się świetnie, ma tylko ten feler, że po wypiciu szklanki bardzo trudno podnieść się z fotela...

- 1 butelka czerwonego wina (może być zarówno słodkie, jak i wytrawne)
- 2 szklanki mocnej, świeżo zaparzonej czarnej herbaty
- świeżo starta skórka z cytryny
- cukier do smaku

Wino mocno podgrzać, ale nie gotować. Połączyć z herbatą i skórką cytrynową, posłodzić do smaku.

HERBATKA PARYSKICH EMIGRANTÓW

Doskonale rozgrzewa i podnosi na duchu...

- 4 torebki czarnej aromatycznej herbaty
- 8 łyżeczek cukru
- szczypta startej gałki muszkatołowej
- sok i skórka starta z 1 cytryny i 1 pomarańczy
- 1 szklanka rumu lub brandy

Liście herbaty zaparzyć (najlepiej w termosie lub dzbanku) trzema szklankami wrzącej wody. Jedną szklankę wody zagotować z cukrem, sokiem i skórką z cytrusów oraz szczyptą gałki muszkatołowej, mieszając energicznie, żeby cukier się rozpuścił. Gorący syrop połączyć z herbatą i alkoholem. Taką herbatę podaje się jak najgorętszą. Jeśli chodzi o ilość cukru – należy dostosować ją do własnego smaku, można także dodać 1 torebkę cukru waniliowego.

ŻEGLARSKI GROG

Rozgrzewa błyskawicznie – doskonały na przemoczenie.

- 50 dag cukru w kostkach
- 2 szklanki wody
- pół szklanki mocnej esencji herbacianej
- 4 duże cytryny lub pomarańcze
- 4 kieliszki rumu

Kostki cukru potarte o skórkę cytrynową zagotować z wodą, wlać mocną esencję z herbaty i sok wyciśnięty z cytrusów i dobrze wymieszać. Do gorącego grogu wlać rum. Podawać przybrany plasterkiem cytryny.

ŚWIĄTECZNA HERBATKA SAMOWAROWA

Aromatyczna, rozgrzewająca i w dodatku ma działanie aromaterapeutyczne – dom dosłownie pachnie Świętami...

- 5 łyżek liściastej herbaty
- szczypta cynamonu lub pokruszona laska kory cynamonowej
- 5 lekko potłuczonych goździków
- szczypta anyżku lub 1 anyż gwiaździsty

Na samowarze rozgrzać imbryczek na esencję. Wrzucić herbatę i przyprawy, zalać wrzątkiem do połowy, odstawić na kominie samowara i parzyć około 1 minuty, a następnie uzupełnić wrzątkiem. Po 5 minutach można przelać esencję do szklanek i dolać wrzącą wodę.

PONCZ POLARNIKÓW

Lepszy od aspiryny!

- 2 szklanki mleka
- 1 szklanka płynnego miodu
- 2 szklanki gorącej, świeżo zaparzonej czarnej herbaty
- 4 żółtka
- 1 łyżka rumu na każdą szklankę ponczu (niekoniecznie)

Żółtka wymieszać z odrobiną zimnego mleka, a pozostałe mleko zagotować z miodem, mieszając, aby miód się całkiem rozpuścił. Wymieszać z gorącą herbatą, a następnie delikatnie połączyć z żółtkami. Dolewać po łyżce gorący płyn, uważając, aby żółtka się nie ścięły. Przelać, najlepiej do fajansowych kubków, wlewając do każdej porcji łyżkę rumu. Pić bardzo gorącą!

HERBATA PO CESARSKU

Doskonały środek na przeziębienie i grypę, wskazany także dla śpiewaków operowych, nauczycieli czy sędziów piłkarskich.

- 6 szklanek mocnej, świeżo zaparzonej herbaty
- 6 żółtek
- pół szklanki miodu
- sok z 2 cytryn

Żółtka utrzeć z miodem na puszysty krem, następnie stale ubijając dodawać po łyżce gorącą herbatę, uważając, aby się masa nie ścięła. Wymieszać z sokiem z cytryny. Podawać najlepiej na ciepło, choć i na zimno taka herbatka jest znakomita.

KORZENNA BIAŁA HERBATKA

Na 1 osobę:

- 1 torebka białej herbaty
- 2 potłuczone goździki
- duża szczypta cynamonu
- szczypta imbiru
- miód do smaku

Przyprawy zalać w rondelku jedną szklanką zimnej wody i zagotować na małym ogniu pod przykryciem. Przecedzonym naparem zaparzyć herbatę. Posłodzić do smaku, najlepiej miodem. Doskonale smakuje zarówno na gorąco z plasterkiem cytryny lub pomarańczy, jak i na zimno – z kostkami lodu.

KOKTAJLE I DRINKI HERBACIANE

SENCHA STRONG

O bardzo oryginalnym smaku, uprzedzam, nie każdemu odpowiada.

- zielona herbata typu sencha
- dobra whisky lub brandy
- plasterki limonki lub cytryny do przybrania

Zaparzyć według przepisu (najlepiej w termosie) esencjonalną zieloną herbatę typu sencha, wywar posłodzić do smaku (nie powinien być przesadnie słodki). Wywar przelać do małych szklaneczek, tak aby każda była napełniona do połowy i do wysokości trzech czwartych dodać alkohol. Do każdej porcji wrzucić cząstkę cytryny lub limonki. Wymieszać łyżeczkami koktajlowymi.

HERBATKA POD NAPIĘCIEM

Drink bardzo dobry na upalne lato...

- 2 szklanki mocnej, świeżo zaparzonej herbaty
- 4 kieliszki whisky
- garść świeżych listków mięty
- miód lub cukier
- kostki lodu

Herbatę posłodzić i lekko ostudzić. Do wysokich koktajlowych szklanek włożyć kilka kostek lodu, wlać osłodzoną herbatę do trzech czwartych wysokości oraz po jednym kieliszku whisky. Posypać listkami mięty.

HERBATKA ABSOLUTNA

Herbatka z cytrynką w wersji dla ABSOLUTNIE DOROSŁYCH!

- 2 szklanki świeżo zaparzonej czarnej herbaty (może być aromatyzowana cytrynowa), osłodzonej do smaku cukrem lub miodem
- 4 kieliszki wódki lub nalewki cytrynowej
- cytryna
- kostki lodu

Do wysokich koktajlowych szklanek włożyć kilka kostek lodu, wlać po jednym kieliszku alkoholu i uzupełnić osłodzoną herbatą. Do każdej porcji wrzucić plasterek cytryny.

MIĘTÓWKA SUPER STRONG

Naprawdę cooooooooooooooooooooooooooooooool!

- pół szklanki mocnej herbaty miętowej
- 1 szklanka ginu
- sok z połowy cytryny
- 1 łyżeczka cukru pudru
- kostki lodu

Połączyć 2 części ginu, 1 część herbaty miętowej i 1 część soku z cytryny. Herbatę wymieszać z cukrem i sokiem z cytryny, ostudzić. Do koktajlowych szklaneczek włożyć po kilka kostek lodu, wlać herbatę miętową do połowy wysokości i uzupełnić ginem. Przed wypiciem zamieszać.

PSZCZÓŁKA MAJA

Mocno „wzmocniona" herbatka, doskonała na słotne wieczory i mroźne noce.

- 3 szklanki mocnej, świeżo zaparzonej herbaty
- 10 dag płynnego miodu
- 1 szklanka wódki
- cukier waniliowy

Miód wymieszać z wódką, a następnie połączyć z herbatą, dodać cukier waniliowy i dobrze wymieszać. Podawać bardzo gorącą, najlepiej w kamionkowych lub fajansowych szklaneczkach albo kubkach.

PONCZ RZYMSKI

W Rzymie raczej nieznany, jednak pod taką nazwą udało mi się go znaleźć w dawnej prasie kobiecej...

- 4 szklanki gorącej, świeżo zaparzonej i osłodzonej do smaku czarnej herbaty
- 1 cytryna
- 1 szklanka koniaku
- 1 szklanka rumu

Z połowy cytryny wycisnąć sok, resztę pokroić razem ze skórką na cienkie plasterki. Herbatę wymieszać z sokiem cytrynowym, rumem i koniakiem; przelać do wazy. Dodać plasterki cytryny. Taki poncz podaje się gorący.

PONCZ BOŻONARODZENIOWY

Rozgrzewa i wprowadza w prawdziwie świąteczny nastrój. A jak pachnie!

- 2 szklanki mocnej, świeżo zaparzonej czarnej herbaty
- 1 duża cytryna
- 4 pomarańcze
- 3 goździki
- 1 laska cynamonu lub szczypta mielonego
- 1 ziarenko kardamonu lub maleńka szczypta mielonego
- 1 ziarno ziela angielskiego
- 1 szklanka rumu
- 1 butelka wytrawnego czerwonego wina
- 10 dag cukru

Wino wlać do rondelka, dodać przyprawy i zagotować na małym ogniu, przecedzić. Dodać sok z cytrusów i herbatę, wymieszać z rumem. Pomarańcze dobrze wyszorować i razem ze skórką pokroić na półplasterki. Do szklaneczek (najlepiej glinianych polewanych) kłaść po plasterku cytryny, zalać gorącym ponczem. Podawać bardzo gorące!

MIĘTÓWKA WOŁOMIŃSKA

Cudownie rozgrzewa, ale też silnie „uderza do głowy".

- gorąca mocna herbata miętowa
- czysta wódka
- ewentualnie miód lub cukier do smaku

Do glinianych szklaneczek lub kubeczków wlewać po pół szklanki gorącej herbaty miętowej i dopełniać wódką. Podawać oczywiście na gorąco.

LETNI PONCZ IMIENINOWY

Jeśli uda się Wam zdobyć arak, możecie wypróbować ten przepis z czasów naszych dziadków.

- 6 torebek lub 6 łyżeczek czarnej herbaty (może być o aromacie cytrynowym)
- 1 szklanka cukru
- 1 cała cytryna
- sok i skórka starta z 1 cytryny
- $^{2}/_{3}$ szklanki araku
- 1 szklanka białego słodkiego wina (najlepiej moscatello)
- kostki lodu

Herbatę zaparzyć czterema szklankami wrzącej wody, osłodzić i mieszać do chwili, aż cukier się rozpuści. Dodać startą skórkę i sok z cytryny. Ostudzić. Wymieszać z winem i arakiem, mocno schłodzić w lodówce. Podawać z kostkami lodu.

PONCZ BOSMAŃSKI

Aromatyczny i silnie rozgrzewający.

- 8 torebek lub łyżeczek czarnej herbaty
- 3 szklanki cukru
- 1 cytryna
- 1 pomarańcza
- 3 szklanki rumu
- 3 szklanki czystej wódki

Z cytryny i pomarańczy zetrzeć skórkę i wycisnąć sok. Herbatę zaparzyć czterema szklankami wrzącej wody, dodać startą skórkę. Przecedzić, osłodzić i połączyć z sokiem z cytrusów i alkoholem. Podawać na gorąco.

HERBATKA MARYNARSKA

Rozgrzeje nawet podczas sztormu…

- 2 szklanki bardzo mocnej czarnej herbaty
- półtorej szklanki koniaku
- sok z 2 cytryn
- 8 łyżeczek cukru

Herbatę osłodzić, dodać sok z cytryn i koniak. Dobrze wymieszać i podawać na gorąco w malutkich szklaneczkach.

HERBATKA KOZACKA

Wyjątkowo silne lekarstwo na przeziębienie… Specjalnie dla osób przemoczonych lub zmarzniętych na kość… Rozgrzewa fantastycznie, ale przy tym także i zbija z nóg… więc po wypiciu sił wystarcza jedynie na to, aby pomaszerować do łóżka…

- 3 szklanki mocnej, świeżo zaparzonej herbaty
- 1 szklanka czystej wódki
- 1 kieliszek rumu
- cukier do smaku

Herbatę wymieszać z rumem i wódką, posłodzić do smaku. Podawać najlepiej w porcelanowym dzbanku.

ROOIBOS ALE

Doskonały chłodzący napój odpowiedni na gorące lato...

- 2 szklanki świeżo zaparzonej herbaty Rooibos
- 2 szklanki soku pomarańczowego
- 2 szklanki piwa imbirowego
- 4 plasterki cytryny
- 1 szklanka wody gazowanej

Gorącą herbatę wymieszać z zimnym sokiem pomarańczowym, schłodzić w lodówce. Przed podaniem dodać piwo imbirowe i wodę gazowaną. Przelać do szklaneczek, wrzucając do każdej kostki lodu i plasterek cytryny.

HERBACIANY FLIP

Adwokat à la minute!

- ćwierć szklanki rumu
- pół szklanki mocnej osłodzonej herbaty
- pół szklanki śmietanki
- 1–2 świeżutkie żółtka

Wszystkie składniki przełożyć do shakera, dodać kostki lodu i energicznie potrząsać. Przecedzić. Podawać w kieliszkach do wina, ze słomką.

SZAMPAN MANDARYŃSKI

Czyli jak w elegancki sposób zaoszczędzić pół butelki szampana...

- 2 łyżki herbaty liściastej
- 2 łyżki przegotowanej źródlanej wody
- wytrawny szampan, silnie schłodzony

Herbatę zalać zimną wodą, przykryć i wstawić do lodówki na 6 godzin. Następnie przecedzić i przelać do kieliszków, napełniając je do połowy, a potem dopełnić je szampanem.

Tea
Tea
Tea

HERBATNIKI

Nieodzowne na proszonych herbatkach i domowych podwieczorkach. Niemal każda nacja wypracowała własne przepisy na herbatniki, które z czasem stały się nie tyle dodatkami właśnie do herbaty, ale i nieodzownymi atrakcjami wszelkich spotkań rodzinnych i towarzyskich w nielicznym, szczególnie damskim, gronie, podawanymi także i do kawy oraz czekolady. Herbatniki przygotowuje się szybko, a przechowywane w blaszanej puszce są smaczne przez dłuższy czas (o ile, oczywiście, ktoś z domowników ich wcześniej nie powyjada). Są zatem o wiele mniej kłopotliwe w przygotowaniu niż przeciętne domowe ciasto, taki niedzielny „gnieciuch", który niezjedzony od razu szybko staje się czerstwy i służy głównie do łamania zębów...

WŁOSKIE NOVARONI

Smaczne ciasteczka z północnych Włoch, a dokładniej z okolic Novary – stąd nazwa.

- 15 dag mąki pszennej
- 3 dag mąki ziemniaczanej
- 15 dag cukru
- 3 jajka
- 1 torebka cukru waniliowego
- sól
- szczypta cukru kryształu do posypania

Oba rodzaje mąki przesiać ze szczyptą soli. Jajka utrzeć (najlepiej na parze) z cukrem i cukrem waniliowym, a następnie, ciągle ucierając, powoli dosypywać mąkę z dodatkami. Strzykawką do kremów albo rękawem cukierniczym formować z ciasta paseczki długości około 10 cm i układać na blasze wyłożonej folią aluminiową (matową stroną do góry) albo papierem do pieczenia. Posypać cukrem kryształem. Wstawić do nagrzanego piekarnika (160–180°C) i piec do chwili, aż paluszki nabiorą słomkowego koloru. Wyłączyć piekarnik i ostudzić – letnie ciasteczka oddzielić od papieru i wystudzić do końca na talerzu.

HERBATNIKI WARSZAWSKIE

Tradycyjne polskie herbatniki, których smak możemy dopasować do swoich gustów.

- 25 dag mąki pszennej
- 20 dag mąki ziemniaczanej
- 10 dag cukru
- 10 dag margaryny
- 2 jajka
- pół szklanki śmietany
- 1 łyżeczka proszku do pieczenia
- sól

Oba rodzaje mąki przesiać z proszkiem do pieczenia i szczyptą soli. Tłuszcz o temperaturze pokojowej utrzeć z cukrem na jednolitą masę, dalej ucierać, dodając po jednym jajku, a następnie po łyżce wymieszanej mąki i śmietany. Wyrobić elastyczne ciasto. Do maszynki do mięsa włożyć specjalną foremkę do ciastek i przepuścić przez nią przygotowane ciasto. Ciąć na kawałki długości 5 cm, układać na natłuszczonej blasze i piec na złoty kolor. Z tego samego ciasta można zrobić herbatniki o różnych smakach, do jednej części ciasta dodać kakao lub kawę rozpuszczalną, do drugiej – wanilię lub cukier waniliowy, do trzeciej – startą skórkę z cytryny albo pomarańczy i sok, względnie aromat spożywczy.

HERBATNIKI MANCHESTERKI

Tradycyjne brytyjskie ciasteczka.

- 4 szklanki mąki pszennej
- 2 szklanki mąki ziemniaczanej
- 25 dag masła lub margaryny
- 1 szklanka mleka
- półtorej szklanki cukru
- 1 łyżeczka sody
- 1 cukier waniliowy
- sól

Oba rodzaje mąki przesiać ze szczyptą soli. Mleko wymieszać z cukrem, cukrem waniliowym i sodą i dodać do mąki. Wyrobić na jednolite ciasto, dodając tłuszcz o temperaturze pokojowej. Rozwałkować i pokroić w kwadraty lub romby (najlepiej radełkiem) i nakłuć widelcem. Wstawić do nagrzanego piekarnika (180–200°C) na około 20 minut. Herbatniki można układać blisko siebie, bo nie rosną podczas pieczenia. Z podanej porcji otrzymuje się cztery standardowe blachy.

HERBATNIKI LIVERPOOLKI

Pyszny dodatek na najbardziej elegancką proszoną herbatkę.

- 1 szklanka cukru
- 25 dag (1 kostka) margaryny lub masła
- 4 łyżeczki jogurtu naturalnego
- 1 łyżeczka proszku do pieczenia
- 1 cukier waniliowy
- pół szklanki grubo posiekanych orzechów włoskich lub arachidowych
- 2 szklanki mąki pszennej
- sól
- polewa czekoladowa

Mąkę przesiać z proszkiem do pieczenia i szczyptą soli. Miękki tłuszcz, cukier, jogurt, cukier waniliowy i proszek do pieczenia wyrobić na pulchną masę. Nadal ucierać, dodając po łyżce przesianą mąkę z dodatkami, a następnie orzechy. Z ciasta formować kulki i lekko spłaszczać, tak aby powstały niewielkie talarki o średnicy około 5 cm. Ułożyć na natłuszczonej blasze i wstawić do nagrzanego piekarnika (180°C) na około 12 minut (ciasteczka powinny nabrać jasnozłotego koloru). Polewę przygotować według przepisu i posmarować nią ostudzone ciasteczka.

HERBATNIKI RADOMSKIE

Tradycyjny domowy przepis.

- 50 dag mąki pszennej
- 1 szklanka mleka
- 20 dag cukru
- 6 jajek
- 1 torebka proszku do pieczenia
- 1 cukier waniliowy
- tłuszcz do nasmarowania blachy

Mąkę przesiać ze szczyptą soli i proszkiem do pieczenia. Jajka utrzeć z cukrem i cukrem waniliowym na puszysty krem, a następnie dalej ucierać, dodając po łyżce na przemian mąkę z dodatkami i mleko. Wyrobić dobrze ciasto, a gdy będzie ono odchodzić od brzegów miski, rozwałkować na grubość około 1 cm. Foremką lub szklanką wykrawać płaskie ciasteczka i nakłuwać je widelcem. Ułożyć na natłuszczonej blasze i upiec na złoty kolor w nagrzanym piekarniku (180°C).

MIODOWE BRIOSZKI

Francuskie bułeczki, lekkie jak puch i wyjątkowo smaczne.

- 20 dag mąki pszennej
- 4 łyżki masła
- 3 łyżki płynnego miodu
- 1 kubeczek naturalnego jogurtu
- 1 łyżeczka proszku do pieczenia
- sól
- mleko

Mąkę przesiać z proszkiem do pieczenia i szczyptą soli. Dodać grubo posiekane zimne masło, rękami wyrobić ciasto (powinno mieć konsystencję kaszy). Dodać miód i jogurt, wyrobić na jednolite gładkie ciasto (można użyć miksera). Rozwałkować na wysypanej mąką stolnicy na grubość około 1 cm. Okrągłą foremką lub szklanką o średnicy około 6 cm wykroić 12 krążków i ułożyć je na wyłożonej papierem do pieczenia lub folią blasze. Posmarować mlekiem i wstawić do nagrzanego (180–200°C) piekarnika. Piec na złoty kolor około 15 minut.

CZĘSTOCHOWSKIE ALBERTY

Warto zawsze je mieć pod ręką.

- 50 dag mąki pszennej
- 30 dag cukru
- 20 dag masła lub margaryny
- 4 jajka
- 1 torebka proszku do pieczenia
- 1 torebka cukru waniliowego
- sól
- tłuszcz do blachy

Mąkę przesiać z proszkiem do pieczenia i szczyptą soli. Jajka utrzeć z cukrem i cukrem waniliowym. Mąkę wysypać na stolnicę, dodać schłodzony tłuszcz i posiekać nożem, tak aby powstało coś w rodzaju kaszki. Dodać masę jajeczną, a następnie szybko wyrobić ciasto. Uformować kulę, zawinąć w folię spożywczą i włożyć do lodówki przynajmniej na pół godziny. Potem rozwałkować, wykrawać szklanką lub kieliszkiem okrągłe ciasteczka i nakłuwać je widelcem, a następnie posmarować osłodzoną wodą. Blachę natłuścić i ułożyć na niej ciasteczka. Wstawić do nagrzanego piekarnika (180°C) i upiec na złoty kolor (10–15 minut).

KOKOSANKI

Jedne z ulubionych polskich herbatników możemy z powodzeniem przygotować w domu.

- 25 dag wiórków kokosowych
- 25 dag cukru
- 4 jajka
- sól

Żółtka utrzeć z cukrem, a następnie dalej ucierając dodawać wiórki kokosowe. Białka ubić na sztywną pianę z dodatkiem szczypty soli, delikatnie połączyć z masą kokosową. Blachę wyłożyć papierem do pieczenia lub folią aluminiową, łyżeczką kłaść niewielkie porcje ciasta. Piec na złocisty kolor w nagrzanym piekarniku (180°C).

ŚLĄSKIE ANYŻKI

Ciasteczka o charakterystycznym, niezapomnianym smaku.

- 25 dag cukru
- 30 dag mąki
- 4 jajka
- 1 łyżeczka anyżku
- sól

Anyżek utłuc w moździerzu lub zmielić w młynku. Mąkę przesiać ze szczyptą soli. Jajka utrzeć z cukrem na krem, a następnie delikatnie połączyć z mąką i anyżkiem. Blachę natłuścić i posypać lekko mąką. Łyżeczką nabierać małe porcje ciasta i kłaść na blasze. Można je także formować szprycą lub rękawem cukierniczym. Wstawić do nagrzanego piekarnika (140°C) i piec, a właściwie suszyć – jak bezy.

CHESTERKI

Smaczne domowe krakersy, pasujące także i do piwa.

Porcja na 24 ciasteczka:

- ➔ 25 dag startego żółtego sera
- ➔ 20 dag mąki pszennej
- ➔ 3 łyżki oliwy
- ➔ sól
- ➔ pieprz lub mielona ostra papryka
- ➔ 3–4 łyżki mleka lub śmietany

Mąkę przesiać ze szczyptą soli i pieprzu. Wymieszać z oliwą i startym serem, dodać mleko i wyrobić elastyczne ciasto. Formować małe kulki i każdą rozpłaszczać w palcach, układać na natłuszczonej blasze. Piec w nagrzanym piekarniku (180°C) około 20 minut.

WINDSORKI

Podobne do poprzednich, ale nie takie same... Najlepiej smakują jeszcze ciepłe.

- ➔ 20 dag mąki pszennej
- ➔ 12,5 dag (pół kostki) masła
- ➔ 20 dag startego żółtego sera
- ➔ 1 łyżeczka mielonej papryki
- ➔ starta gałka muszkatołowa
- ➔ sól

Mąkę posiekać ze schłodzonym tłuszczem, serem i przyprawami. Dodać tyle wody, aby można było wyrobić dające się formować jednolite ciasto. Rozwałkować na grubość około 1 cm i kieliszkiem lub foremką wykrawać okrągłe ciasteczka. Piec w nagrzanym piekarniku (180–200°C) na złoty kolor – około 20 minut.

TOPIELCE

Kolejny zapomniany przepis wart, aby go sobie przypomnieć.

- 25 dag mąki pszennej
- 25 dag (1 kostka) margaryny lub masła
- 3 dag drożdży
- 1 łyżeczka soli
- 1 łyżeczka cukru
- kminek, mak lub sezam do posypania

Mąkę posiekać z tłuszczem i pokruszonymi drożdżami. Zagnieść ciasto i uformować kulę. Zawinąć w folię spożywczą lub czystą ściereczkę i włożyć do dużego garnka z zimną wodą – pozostawić tak na noc. Następnego dnia „utopione" ciasto wyjąć, starannie osuszyć i położyć na dobrze wysypaną mąką stolnicę, dodać sól i cukier, ponownie szybko wyrobić. Rozwałkować na grubość około pół centymetra i wykrawać foremką niewielkie ciasteczka, posypać kminkiem, makiem lub sezamem i wstawić do nagrzanego piekarnika (200°C). Upiec na złoty kolor. Uwaga! Ciasteczka są bardzo kruche!

PALUSZKI MOKOTOWSKIE

Łatwe do przygotowania, efektowne i smaczne.

- 70 dag mąki pszennej
- 1 łyżka masła albo margaryny
- 2 jajka
- 2 łyżki kwaśnej śmietany
- 20 dag cukru
- 1 cukier waniliowy
- 1 jajko do posmarowania paluszków

Wszystkie składniki dokładnie zagnieść, wyrobić na jednolite gęste ciasto. Formować niewielkie paluszki i układać na natłuszczonej blasze. Jajko lekko ubić, posmarować ciasteczka i wstawić do nagrzanego piekarnika (180°C). Upiec na złoty kolor.

LONDYŃSKIE MUFFINKI

Bardzo smaczne i bardzo efektowne.

- 8 jajek
- 20 dag margaryny lub masła
- 20 dag cukru
- 20 dag przesianej mąki pszennej
- 10 dag rodzynek
- 4 dag grubo posiekanych migdałów lub orzechów
- skórka starta z 1 cytryny
- sól
- tłuszcz do nasmarowania foremek

Tłuszcz o temperaturze pokojowej utrzeć na krem. Następnie dalej ucierać, dodając po jednym żółtku, a potem po łyżce cukier, mąkę i skórkę cytrynową. I wreszcie przebrane rodzynki i migdały. Białka ubić ze szczyptą soli na sztywną pianę, delikatnie połączyć z ciastem. Niewielkie foremki (np. babeczkowe) natłuścić i napełniać ciastem. Ustawić na blasze i wstawić do nagrzanego piekarnika (180°C). Upiec na złoty kolor.

POMARAŃCZUSZKI

Wykwintne herbatniki pajace do najlepszych gatunków herbaty...

- skórka starta z 1 pomarańczy
- 20 dag cukru
- 35 dag mąki
- 25 dag margaryny lub masła (1 kostka)
- 1 torebka cukru waniliowego
- 1 łyżeczka proszku do pieczenia
- 3 łyżki jogurtu
- sól

Mąkę przesiać z proszkiem do pieczenia i szczyptą soli. Tłuszcz utrzeć na krem z cukrem, cukrem waniliowym i skórką pomarańczową, a następnie dalej ucierać, dodając po łyżce mąkę z dodatkami oraz jogurt. Wyrobić na jednolite ciasto. Formować palcami małe kulki, a potem spłaszczać je, tak aby powstały okrągłe placuszki o średnicy około 5 cm. Blachę wyłożyć papierem do pieczenia lub folią aluminiową, ułożyć niezbyt ściśle ciasteczka. Wstawić na 15–20 minut do nagrzanego piekarnika (180°C) – ciasteczka powinny nabrać złocistego koloru. Gotowe ciasteczka można polać polewą czekoladową.

ŁOMŻYŃSKIE KRUCHE PALUSZKI

Odpowiednie na każdą okazję.

- 2 czubate szklanki mąki pszennej
- 4 łyżki cukru
- 20 dag margaryny lub masła
- 4 jajka
- sól
- tłuszcz do nasmarowania blachy
- cukier kryształ do posypania

Mąkę przesiać ze szczyptą soli, wysypać na stolnicę. Dodać schłodzony tłuszcz i siekać do chwili, aż powstanie coś w rodzaju grubej kaszy. Dodać cukier, wymieszać, wbić jajka i szybko wyrobić ciasto. Uformować kulę, zawinąć w folię spożywczą i włożyć do lodówki przynajmniej na pół godziny. Następnie formować paluszki długości około 1 cm i szerokości 1 cm. Posypać cukrem i ułożyć na natłuszczonej blasze. Wstawić do nagrzanego piekarnika (200°C) i upiec na złoty kolor.
Według innej wersji takie ciasto nie wymaga już chłodzenia, można je od razu rozwałkować i pokroić na paluszki.

KACZUSZKI

Herbatniki z tradycyjnego kruchego ciasta, będącego jedną z najlepszych polskich specjalności.

➔ 20 dag mąki pszennej
➔ 15 dag masła lub margaryny
➔ 2 żółtka z jajek ugotowanych na twardo (białka możemy wykorzystać np. do przygotowania sałatki)
➔ skórka starta z 1 cytryny
➔ 5 dag cukru
➔ sól
➔ cukier puder do posypania

Mąkę przesiać ze szczyptą soli. Schłodzony tłuszcz posiekać dużym nożem, tak aby miał konsystencję kaszy. Żółtka przetrzeć przez sito, dodać do tłuszczu razem z przesianą mąką, cukrem i skórką cytrynową. Szybko zagnieść ciasto. Uformować kulę, zawinąć w folię spożywczą i wstawić do lodówki na godzinę. Następnie dość cienko rozwałkować i kieliszkiem wycinać małe kółka (o średnicy około 3 cm). Ułożyć na blasze wyłożonej papierem do pieczenia lub folią aluminiową. Wstawić do nagrzanego piekarnika (180°C) i upiec na złoty kolor. Jeszcze ciepłe posypać cukrem pudrem (najlepiej przez sito).

MAŚLACZKI

Tradycyjne maślane ciasteczka, dużo smaczniejsze niż kupowane herbatniki.

- 50 dag mąki pszennej
- 15 dag masła o temperaturze pokojowej
- 15 dag cukru
- 2 jajka
- 1 cukier waniliowy
- 1 proszek do pieczenia
- sól

Mąkę przesiać z proszkiem do pieczenia i szczyptą soli. Tłuszcz utrzeć na puszystą masę z cukrem i całymi jajkami, następnie dalej wyrabiać, dodając powoli mąkę z dodatkami. Rozwałkować na grubość około pół centymetra i wykrawać foremką różne kształty lub pokroić radełkiem np. na romby. Dużą blachę wyłożyć folią aluminiową i ułożyć ciasteczka, pozostawiając między nimi 1–2 cm odstępu. Nakłuć widelcem i wstawić do nagrzanego piekarnika (160–180°C) na około 10–15 minut – herbatniki powinny nabrać jasnozłotego koloru.

SZWEDZKIE POCIESZKI

Bardzo smaczne, ale niesamowicie kruche, łamią się od samego patrzenia...

- 30 dag mąki pszennej
- 2 żółtka
- pół szklanki śmietany
- pół kostki schłodzonego masła lub margaryny
- 5 dag stopionego masła lub margaryny
- 10 dag cukru
- mielony cynamon
- sól
- tłuszcz do nasmarowania blachy

Mąkę przesiać ze szczyptą soli. Wysypać na stolnicę, formując kopczyk z wgłębieniem w środku. We wgłębienie wbić jajka i wlać śmietanę. Schłodzony tłuszcz zetrzeć na tarce, dodać do jajek i śmietany i grubym nożem wszystko energicznie siekać, tak aby powstało jednolite ciasto i szybko zagnieść. Następnie podzielić na 2 części i każdą część oddzielnie rozwałkować – najcieniej jak można. Następnie rozciągnąć na natłuszczonych blachach, tak aby ciasto było przezroczyste. Polać stopionym tłuszczem i posypać cukrem, wymieszanym z jedną łyżeczką cynamonu. Nakłuć widelcem i wstawić do nagrzanego piekarnika (200°C). Upiec na złoty kolor (zazwyczaj około 15–20 minut). Jeszcze gorące ciasto pokroić na romby, lecz zdejmować z blachy dopiero wtedy gdy wystygnie. Można także przygotować pocieszki w wersji słonej – zamiast cukru z cynamonem posypujemy je startym serem i papryką.

WŁOSKIE AMONIACZKI

Porcja wystarczająca na poczęstunek drużyny piłkarskiej wraz z kibicami...

- 1 kg mąki pszennej
- 90 dag cukru
- 3 g amoniaku
- 2 czubate łyżki masła lub margaryny
- szczypta kakao
- szczypta mielonego cynamonu
- skórka starta z 1 pomarańczy
- sól
- garść posiekanych migdałów lub orzechów
- 1 żółtko do posmarowania

Mąkę przesiać z solą, amoniakiem, cynamonem i kakao, wymieszać z cukrem, dodać tłuszcz i tyle wody, aby powstało dające się formować ciasto. Uformować kulę, zawinąć w folię spożywczą i włożyć do lodówki przynajmniej na 6 godzin (najlepiej na całą noc). Formować paluszki wielkości małego palca. Żółtko lekko ubić, posmarować paluszki. Ułożyć na blasze i wstawić do nagrzanego piekarnika (180°C) na 8–10 minut (paluszki powinny nabrać złocistego koloru) – wyjmuje się je z piekarnika jeszcze lekko miękkie.

HERBATNIKI PRABABCI

Przepis już całkiem zapomniany, ale godny odświeżenia.

- 12,5 dag cukru
- 25 dag mąki pszennej
- 15 dag masła
- 1 jajko
- 1 łyżeczka proszku do pieczenia
- 1 łyżeczka mielonego cynamonu
- garść rodzynek
- aromat rumowy

Mąkę, proszek do pieczenia i cynamon wymieszać z cukrem i posiekać z masłem. Dodać jajko i suche rodzynki, a następnie szybko zagnieść. Odrywać małe kawałki ciasta, formować kulki lub wałeczki, a potem je spłaszczać, tak żeby przypominały krążki lub zaginać wałeczki w rogalik. Piec w nagrzanym piekarniku (180°C) około 10 minut. Ciasteczka powinny nabrać jasnozłotego koloru i naciśnięte na środku palcem powinny się lekko uginać.

OWSIANE MORDOKLEJKI

Do przygotowania w kwadrans, pyszne ciasteczka o oryginalnym „orientalnym" smaku.

- 50 dag płatków owsianych
- 25 dag cukru
- 12,5 dag masła o temperaturze pokojowej (pół kostki)
- 3 jajka
- pół łyżeczki proszku do pieczenia
- aromat migdałowy
- grubo posiekane mieszane bakalie (np. mieszanka studencka)
- mała szczypta soli

Wszystkie składniki włożyć do miski i dokładnie zagnieść razem z bakaliami. Dużą blachę wyłożyć folią aluminiową, niczym jej nie smarując i łyżką kłaść porcje ciasta w odległości centymetra od siebie, ponieważ praktycznie nie rosną podczas pieczenia. Wstawić do nagrzanego piekarnika (160°C) i piec do chwili, gdy ciasteczka nabiorą jasnozłotego koloru – powinny być z wierzchu chrupiące, natomiast w środku – nieco ciągnące się, taka jest ich uroda. Wyjmujemy je z piekarnika, gdy lekko puknięte palcem nie będą się kleić i rozmazywać. Takie ciasteczka można długo przechowywać w hermetycznej puszce.

HAREMOWE PYSZNOŚCI

Przeraźliwie słodkie – pasują do bardziej „wytrawnej" herbaty.

- 6 szklanek płatków owsianych
- pół szklanki mąki pszennej
- $^3/_4$ szklanki ziarna sezamowego
- pół szklanki wiórków kokosowych
- pół szklanki cukru
- pół szklanki płynnego miodu
- pół szklanki dobrego oleju
- woda
- olej
- sól
- tłuszcz do nasmarowania blachy

Zmiksować cukier i trzy szklanki letniej wody, następnie dodać miód i olej oraz szczyptę soli i ponownie zmiksować. W misce wiórki kokosowe wymieszać z sezamem, dodać cukrową zawiesinę i wyrobić razem, tak aby powstała w miarę jednolita masa. Odrywać grudki ciasta, formować płaskie ciasteczka o grubości nie większej niż 1 cm. Ułożyć na natłuszczonej blasze i wstawić na 20 minut do nagrzanego piekarnika (200°C). Ciasteczka powinny nabrać jasnozłotego koloru.

OLSZTYŃSKIE ŚLIWKI DO HERBATY

Bardzo smaczne, mogą bez trudu zastąpić pączki, od których są bez porównania mniej pracochłonne.

Nadzienie:

- 15 dag suszonych śliwek bez pestek
- skórka otarta z 2 cytryn
- pół szklanki migdałów lub połówek orzechów włoskich

Ciasto:

- 20 dag mąki pszennej
- 1 szklanka piwa
- 2 jajka
- sól
- 2–3 łyżki cukru
- tłuszcz do smażenia
- cukier puder do posypania

Śliwki umyć. Zalać wodą, tak aby pozostawały przykryte, dodać skórkę cytrynową i zagotować na małym ogniu. Ostudzić, a następnie delikatnie wycisnąć. Do środka każdej śliwki włożyć migdał lub połówkę włoskiego orzecha.

Przygotować ciasto piwne: mąkę przesiać, żółtka utrzeć z cukrem na puszysty krem, a następnie dalej ucierając dodawać po łyżce mąki, potem wymieszać z piwem, tak aby powstała jednolita masa. Białka ubić ze szczyptą soli na sztywną pianę, delikatnie połączyć z ciastem. Śliwki maczać w cieście piwnym i smażyć z obu stron na złoty kolor, jak pączki, w głębokim tłuszczu. Wyjmować łyżką cedzakową i układać na sicie wyłożonym bibułkowymi ręcznikami lub serwetkami, aby ociekł nadmiar tłuszczu. Przed podaniem posypać cukrem pudrem.

W podobnym cieście można przygotować także plastry ananasa lub brzoskwini z syropu, krążki banana albo plasterki jabłka. Śliwki jednak są zdecydowanie najlepsze!

DROŻDŻOWE IWANKI

Takie pierożki to wspaniały „stylowy" i bardzo efektowny dodatek do herbaty z samowara – mogą doskonale zastąpić nawet cały posiłek.

Ciasto:

- 50 dag mąki pszennej
- 3 dag drożdży
- 1 łyżeczka cukru
- 250 ml mleka
- 2 jajka
- 3 żółtka
- 10 dag masła

Farsz:

- 10 dag (1 torebka) kaszy gryczanej ugotowanej na sypko
- 1 szklanka dobrze zmielonego twarogu (takiego jak na sernik)
- 1 jajko
- kwaśna śmietana lub białko
- sól, cukier
- pieprz

Przede wszystkim musimy pamiętać, że do przygotowania klasycznego ciasta drożdżowego wszystkie składniki powinny mieć pokojową temperaturę, a tłuszcz – stopiony. Najlepiej wszystko wyjąć z lodówki i zimą ustawić w pobliżu kaloryfera, a w cieplejszych porach roku np. w pobliżu kuchenki. Mąkę (też ciepłą) przesiać do sporej miski i zrobić w niej wgłębienie, wlać mleko (ciepłe), wymieszane z jedną łyżeczką cukru i pokruszonymi drożdżami. Posypać mąką i odstawić w zaciszne i ciepłe miejsce. Gdy rozczyn podrośnie, dodać jajka, żółtka oraz roztopiony tłuszcz i energicznie wyrabiać do chwili, aż ciasto zacznie odchodzić od brzegów miski (najlepiej jest wykorzystać mikser, bo ręcznie trzeba by ucierać przynajmniej pół godziny i to energicznie). Wyrobione ciasto odstawić ponownie w ciepłe miejsce, aż podwoi swoją objętość. Ugotowaną kaszę dobrze odcisnąć; jeśli jest wilgotna, należy ją dodatkowo osuszyć w ciepłym piekarniku. Suchą kaszę wymieszać z białym serem, doprawić do smaku solą, cukrem i pieprzem, masa powinna być dość pikantna. Dodać kilka łyżek śmietany, tylko tyle, aby kasza się nie rozsypywała i była jednolita – zamiast śmietany można podać lekko ubite białko.

Wyrośnięte ciasto rozwałkować, podsypując mąką na grubość palca, a następnie szklanką lub filiżanką wykrawać krążki, na każdy kłaść porcje nadzienia i składać na połowę, a następnie formować coś w rodzaju uszek, starając się, aby ciasto się nie rozkleiło. Blachę natłuścić i posypać mąką, ułożyć pierożki (sklejeniem do dołu) i smarować je lekko ubitym białkiem. Wstawić do nagrzanego piekarnika (180–200°C) i upiec na złoty kolor.

ANGIELSKIE CIASTECZKA DO HERBATY

Właściwie nie są to bułeczki, a kruche ciasteczka...

Na 12 bułeczek:

- 30 dag mąki pszennej
- 2 łyżeczki proszku do pieczenia
- 5 dag cukru
- ćwierć kostki (ok. 8 dag) schłodzonego, utartego masła
- pół szklanki mleka
- 2 jajka
- sól
- cukier kryształ do posypania
- tłuszcz do nasmarowania blachy

Mąkę przesiać z solą i proszkiem do pieczenia. Masło posiekać, dodać do mąki i nadal siekać, tak aby powstało coś w rodzaju gęstej kaszy. Jedno jajko i żółtko lekko ubić z mlekiem, dodać do ciasta i szybko wyrobić. Rozwałkować na stolnicy na szerokość ok. 2 cm i foremką lub szklanką wykrawać kółka. Układać na dobrze natłuszczonej blasze w odległości 3–4 cm. Pozostałe białko lekko ubić, posmarować ciastka i posypać je cukrem kryształem. Wstawić do mocno nagrzanego piekarnika (220°C) na 15–20 minut; ciasteczka powinny nabrać złotego koloru. Podawać jeszcze ciepłe!

OSZCZĘDNE SCONES

Szkoci słyną ze swej oszczędności na całym świecie...

- pół szklanki masła o temperaturze pokojowej
- ćwierć szklanki cukru
- $^{3}/_{4}$ szklanki przesianej mąki pszennej
- $^{1}/_{4}$ szklanki mąki kukurydzianej
- sól

Oba rodzaje mąki przesiać ze szczyptą soli. Tłuszcz utrzeć z cukrem na krem, następnie nadal ucierać, dodając mąkę, tak aby ciasto było zwarte. Natłuszczoną blachę wyłożyć ciastem, wstawić do nagrzanego piekarnika (180C°) na 50–60 minut. Ostudzić i pokroić w niewielkie romby lub kwadraty.

MAKUSIE

Czyli znakomite makaroniki makowe, niegdyś bardzo popularne, dziś już niemal zapomniane...

- 10 dag maku
- 4 białka
- 12 dag cukru pudru
- 2 łyżki mąki pszennej
- aromat migdałowy
- sól

Suchy mak zmielić w młynku do kawy. Mąkę przesiać z cukrem pudrem. Białka ubić ze szczyptą soli na sztywną masę, następnie nadal ubijać, dodając po łyżeczce mąkę z cukrem i mak, a na koniec kilka kropli aromatu. Łyżeczką od herbaty nabierać maleńkie porcje masy i kłaść na natłuszczonej blasze. Wstawić do nagrzanego letniego piekarnika (160°C) i nie tyle piec, ile suszyć ciasteczka.

ROGALIKI PODWIECZORKOWE – zamiast kanapek

Moje ekspresowe rozwiązanie w przypadku niespodziewanej wizyty... Ciasto francuskie jest ogólnie dostępne, można sobie zachomikować 1–2 paczki w lodówce. Efekt wspaniały – świeżutkie rumiane rogaliki do herbaty! Można je przygotować spokojnie w tym samym czasie, kiedy parzymy herbatę!

- 1 porcja ciasta francuskiego
- 5 dag szynki
- 5 dag żółtego sera (najlepiej w typie ementalera)
- 1 żółtko
- 3 łyżki mleka

Ciasto pokroić na 6 kwadratów, a następnie każdy z nich przekroić po przekątnej, tak aby otrzymać trójkąt. Szynkę i ser pokroić w kostkę i na każdym trójkącie ciasta położyć porcję nadzienia. A następnie uformować rogaliki, zwijając je od czubka. Blachę wyłożyć folią aluminiową (matową stroną do góry) i ułożyć rogaliki. Żółtko lekko ubić z mlekiem i posmarować powierzchnię rogali. Wstawić do nagrzanego piekarnika (200°C) i piec na złoty kolor – około 12 minut.

Podawać najlepiej prosto z pieca! Oczywiście do rogalików można włożyć dowolne nadzienie, także i słodkie, np. marmoladę lub dżem (dla smaku można wymieszać go z posiekanymi orzechami lub rodzynkami), kawałek jabłka lub śliwki, ananasa lub brzoskwini z zalewy, masę makową, np. taką z puszki lub ser z bakaliami, względnie łyżkę gęstego budyniu, np. z aromatem spożywczym lub łyżeczką rumu. Doskonale nadaje się także farsz grzybowy, kapuściany albo mięsny.

ROGALIKI PANI EDYTY

A na koniec najlepsze przysmaki do herbatki.

- 1 kostka margaryny lub masła
- 2 szklanki mąki pszennej
- pół szklanki piwa
- szczypta soli
- dowolne nadzienie

Mąkę przesiać ze szczyptą soli, dodać zimny tłuszcz i siekać nożem, aż ciasto będzie mieć konsystencję kaszy. Dodać piwo, szybko wyrobić na jednolite ciasto, uformować kulę i zawinąć w folię spożywczą. Włożyć na godzinę do lodówki, a następnie dość cienko rozwałkować, podsypując mąką. Kroić na kwadraty i na każdy kłaść porcje nadzienia, np. $^1/_8$ jabłka ze skórką, ale bez gniazd nasiennych. Składać na pół i formować rogalik. Ułożyć na natłuszczonej blasze i wstawić do nagrzanego piekarnika (200°C) na około 30 minut; rogaliki powinny nabrać złotego koloru. Przed podaniem można polukrować.

Nadzienie może być dowolne: dżem lub marmolada, masa serowa (ser z cukrem i bakaliami), masa makowa. Można także z powyższego ciasta przygotować pikantne rogaliki z nadzieniem grzybowym albo kapuścianym, doskonałe także i do tradycyjnego barszczyku.

HERBACIANE DESERY

HERBACIANA SUSZANKA

Wspaniała sałatka owocowa, może być ozdobą wigilijnego stołu.

- 1 łyżka czarnej herbaty
- 2 łyżki cukru
- 1 kieliszek brandy
- 15 dag suszonych moreli
- 5 dag rodzynek
- kilka suszonych fig, ewentualnie inne suszone owoce

Liście herbaty zalać wrzątkiem (połową szklanki), a kiedy naciągnie, przecedzić, posłodzić do smaku, połączyć z brandy lub innym aromatycznym alkoholem. Owoce dokładnie umyć, osuszyć, włożyć do miski, zalać przygotowanym płynem, przykryć, odstawić na kilka godzin, przełożyć do szklanych pucharków.

SORBET JAŚMINOWY

Bardzo delikatny w smaku – prawdziwa „poezja kulinarna".

- 2 łyżki herbaty jaśminowej
- 75 g cukru pudru
- sok z połowy pomarańczy
- sok z 1 limonki lub małej cytryny

Herbatę zalać półtorej szklanki wrzątku. Osłodzić i ostudzić, a następnie wymieszać z sokami owocowymi i schłodzić w zamrażarce, od czasu do czasu mieszając. Do spożycia nadaje się, kiedy będzie mieć konsystencję gęstej kaszy... Można także nie zamrażać, tylko po prostu wypić z dodatkiem kostek lodu, bo doskonale koi pragnienie.

JABŁKA HERBACIANE

Dla odmiany, zamiast kompotu jabłkowego.

- 75 dag jabłek (najlepsze renety)
- 15 dag cukru
- 3 torebki lub 3 łyżki mocnej czarnej herbaty
- 2 goździki
- 1 cukier waniliowy
- szczypta cynamonu
- sok i skórka cienko starta z 1 cytryny

Zagotować dwie szklanki wody z goździkami i cynamonem, zaparzyć tym herbatę, ostudzić. Jabłka obrać i usunąć gniazda nasienne, pokroić na ćwiartki lub ósemki, skropić sokiem cytrynowym. Cukier i cukier waniliowy zalać jedną szklanką wrzącej wody, a gdy się rozpuści, dodać resztę soku, skórkę cytrynową i jabłka, dusić na małym ogniu, aż jabłka będą przezroczyste. Dodać herbatę, ostudzić. Podawać w niewielkich salaterkach. W wersji „dla dorosłych" do herbaty można dodać ćwierć szklanki brandy lub rumu.

SUFLET HERBACIANY

Lekki jak puch wykwintny deser.

- 1 łyżka herbaty
- 3 łyżki mąki pszennej
- 3 łyżki masła
- 4 jajka
- 3 łyżki cukru
- szczypta soli

Do przygotowania formy:

- 1 łyżka margaryny
- 2 łyżki bułki tartej

Herbatę należy zaparzyć w szklance wrzątku, przecedzić, a potem schłodzić. Z masła i mąki przygotować jasną zasmażkę. Następnie, mieszając, rozprowadzić ją zimną herbatą, a gdy zgęstnieje, dodawać po jednym żółtku, nie doprowadzając masy do wrzenia. Zdjąć z ognia i mieszając ostudzić. Białka z dodatkiem soli ubijać, aż do osiągnięcia sztywnej piany. Na zakończenie ubijania dodać kilka łyżek cukru i delikatnie połączyć z masą. Formę do sufletu (albo małe formy) wysmarować margaryną, wysypać bułką tartą i wypełnić masą. Piec przez około 40 minut w piekarniku nagrzanym do temperatury 180°C i natychmiast podawać, nim suflet opadnie. Suflet można polać syropem wiśniowym, malinowym lub truskawkowym.

ZIELONY SORBET RELAKSUJĄCY

Doskonale dodaje sił w upalne popołudnie.

- 5 łyżek płynnego miodu (najlepiej lipowego lub akacjowego)
- 6 torebek zielonej herbaty (raczej łagodnej w smaku)
- 40 dag cukru
- sok z 1 dużej pomarańczy i 1 cytryny, ewentualnie z 2 grejpfrutów

Herbatę zaparzyć trzema szklankami wrzącej wody (najlepiej w termosie). Cukier zalać szklanką zimnej wody i zagotować na małym ogniu, stale mieszając; cukier powinien się całkiem rozpuścić. Jeśli trzeba, to zszumować. Herbatę, syrop cukrowy i soki dokładnie wymieszać. Ostudzić i przelać do miseczki lub foremki. Wstawić do zamrażalnika na 3 godziny, co pół godziny mieszać widelcem, tak aby masa miała konsystencję kremu lub drobnej kaszy, a nie zamarzła na kamień. Przed podaniem każdą porcję polać miodem. Podobny, świetnie gaszący pragnienie i chłodzący sorbet można także przygotować z herbaty owocowej lub zwykłej czarnej herbaty.

MLECZNA DROGA

Lekki sorbet, odpowiedni na upały.

- ➔ $^1/_3$ szklanki lisciastej herbaty Darjeeling
- ➔ 1 łyżka suszonych liści mięty
- ➔ 2 szklanki przegotowanego mleka
- ➔ 1 szklanka śmietanki
- ➔ półtorej szklanki cukru
- ➔ sok z 1 dużej cytryny

Herbatę wymieszać z miętą. Zalać jedną szklanką wrzącej wody i parzyć (najlepiej w termosie) około 5 minut. Następnie przecedzić i zmiksować albo wymieszać z mlekiem lub śmietanką. Cukier i sok cytrynowy zmiksować na jednolitą masę, następnie nadal miksować, dolewając powoli herbatę. Przelać do salaterki i ostudzić, wstawić do zamrażalnika na 3 godziny, co pół godziny mieszając widelcem, tak aby masa miała konsystencję kremu lub drobnej kaszy, a nie zamarzła na kamień. Podawać najlepiej z dużą słomką.

AMERYKAŃSKIE HERBACIANE LODY

Jeden z najbardziej udanych amerykańskich deserów.

- 2 szklanki mleka
- pół laski wanilii
- 2 łyżki czarnej herbaty
- 4 żółtka
- 10 dag cukru
- 1 szklanka śmietanki kremówki
- sól
- owoce świeże lub kandyzowane

Mleko zagotować z wanilią i zalać nim herbatę. Odstawić na 5 minut i przecedzić. Żółtka utrzeć z cukrem na krem i wymieszać z herbatą. Ucierać, najlepiej mikserem, aż do chwili, gdy masa zacznie tężeć, wtedy przełożyć do salaterki i schłodzić w lodówce. Schłodzoną śmietanę ubić ze szczyptą soli na sztywną pianę i połączyć z masą herbacianą, przykryć folią aluminiową i wstawić do zamrażalnika. Zamrażać przynajmniej 3 godziny, co pół godziny mieszając, tak aby masa nie zamarzła na kość, ale nabrała konsystencji drobniutkiej kaszy. Przełożyć do pucharków i przybrać owocami.

BABKA HERBACIANKA

Ciasto:

- 25 dag mąki pszennej
- 10 dag cukru
- $^{1}/_{3}$ kostki margaryny (nieco ponad 8 dag)
- 2 żółtka
- 1 szklanka mocnej herbaty
- garść rodzynek
- 1 łyżeczka sody oczyszczonej
- 1 łyżeczka proszku do pieczenia
- otarta skórka z połowy cytryny
- tłuszcz i bułka tarta do formy
- szczypta soli

Lukier:

- około ćwierć szklanki cukru pudru
- 1 łyżka soku z cytryny
- woda

Rodzynki oczyścić, umyć i zalać gorącą herbatą. Przykryć i odstawić do ostudzenia. Mąkę przesiać ze szczyptą soli, sodą i proszkiem do pieczenia. Margarynę utrzeć z cukrem, dalej ucierając dodawać powoli żółtka, skórkę z cytryny oraz mąkę z dodatkami. Do ciasta wlewać stopniowo zimną herbatę z rodzynkami. Zagnieść. Ciasto przełożyć do natłuszczonej i wysypanej bułką tartą podłużnej formy. Wstawić na 50–60 minut do nagrzanego piekarnika (180°C). Ostudzić. Cukier puder utrzeć z sokiem z cytryny, dodając tyle wody, aby otrzymać gęsty lukier. Posmarować babkę.

HERBACIANKA CZEKOLADOWA

- 4 jaja, oddzielone białka od żółtek
- 1 $^{2}/_{3}$ szklanki cukru
- 1 cukier waniliowy
- 25 dag masła
- 1 szklanka ostudzonej mocnej czarnej herbaty (może być aromatyzowana, np. malinami lub jabłkiem)
- 2 szklanki mąki pszennej
- półtorej łyżki proszku do pieczenia
- $^{1}/_{3}$ szklanki bułki tartej
- $^{1}/_{3}$ szklanki gorzkiego kakao
- 1 szklanka posiekanych orzechów (włoskich, arachidowych lub laskowych)
- sól
- tłuszcz i bułka tarta do formy

Masło utrzeć z cukrem i cukrem waniliowym na krem, następnie dalej ucierać, dodając po jednym żółtku, a potem po łyżce ostudzoną herbatę. Mąkę przesiać z proszkiem do pieczenia i kakao, dodać orzechy i bułkę tartą, wymieszać z masą maślaną. Białka ubić na sztywną pianę ze szczyptą soli, delikatnie połączyć z masą maślaną. Przełożyć do natłuszczonej i wysypanej bułką tartą formy i wstawić do nagrzanego piekarnika (180°C) na 50–70 minut. Najlepiej sprawdzić patyczkiem lub wykałaczką po 40 minutach – jeżeli są suche, ciasto jest już upieczone. Babkę zostawić w formie 15–20 minut, a następnie wyłożyć na talerz.

GALARETKA LORDOWSKA

- 2 szklanki mocnej, świeżo zaparzonej herbaty Earl Grey
- 1 mały kieliszek wermutu
- 1 galaretka cytrynowa
- 4 porcje lodów śmietankowych
- owoce do przybrania

Galaretkę rozpuścić w gorącej herbacie, wymieszanej z wermutem. Ostudzić, a następnie wstawić do lodówki, aby dobrze stężała. Pokroić w kostkę i rozłożyć do pucharków lub miseczek. Przybrać lodami.

HERBACIANY PIERNIK

- 50 dag mąki pszennej
- 30 dag miodu
- 1 jajko
- 3 łyżki masła
- pół szklanki cukru
- $^3/_4$ szklanki bardzo mocnej herbaty
- pół łyżeczki mielonych goździków
- pół łyżeczki sody oczyszczonej
- szczypta soli
- 20 dag posiekanych orzechów włoskich lub arachidowych
- tłuszcz i bułka tarta do formy

Tłuszcz, miód, cukier i herbatę przełożyć do małego rondelka i umieścić na większym garnku z gotującą się wodą (w tzw. „kąpieli Maryśki"). Podgrzewać, dopóki wszystko się nie rozpuści. Wymieszać i ostudzić do temperatury pokojowej. Mąkę przesiać z solą i sodą. Masę herbacianą wymieszać, a jeszcze lepiej zmiksować z jajkiem, mąką oraz korzeniami i orzechami. Przełożyć do natłuszczonej i wysypanej bułką tartą formy keksowej, wstawić do nagrzanego piekarnika (200°C) na 45 minut. Można dodać także posiekane owoce kandyzowane albo smażoną skórkę pomarańczową lub cytrynową.

HERBACIANY PIERNIKOWIEC

- 4 jajka
- 1 szklanka cukru
- 1 szklanka oleju
- 1 szklanka płynnego miodu
- 3 szklanki mąki pszennej
- szczypta przyprawy do pierników
- 1 łyżeczka sody
- 1 łyżeczka proszku do pieczenia
- 4 łyżki herbaty
- sól

Herbatę zaparzyć jedną szklanką wrzącej wody i ostudzić, przecedzić. Mąkę przesiać z sodą i proszkiem do pieczenia do dużej miski. Dodać żółtka, olej, cukier, miód i przyprawę do pierników oraz napar herbaciany. Wyrobić na jednolite ciasto, a jeszcze lepiej – zmiksować. Białka ubić na sztywną pianę z dodatkiem szczypty soli i delikatnie połączyć z ciastem. Przełożyć do natłuszczonej i wysypanej bułką tartą tortownicy i wstawić do nagrzanego piekarnika (200° C) na około 45 minut. Najlepiej sprawdzić patyczkiem lub wykałaczką po 40 minutach – jeżeli są suche, ciasto jest już upieczone. Taki placek doskonale smakuje polany czekoladową polewą, można go też przekroić w poprzek jak tort i przełożyć kremem karpatkowym.

Krem karpatkowy:

- 2 szklanki mleka
- 1 torebka budyniu z cukrem
- 1 kostka margaryny lub masła
- 1 kieliszek rumu lub brandy, względnie kilka kropli dowolnego aromatu

Budyń należy przygotować według przepisu (powinien być dość gęsty) i ostudzić. Tłuszcz utrzeć na krem, a następnie nadal ucierać, dodając po łyżce budyń. Krem skropić alkoholem, wymieszać.

KEKS LADY GREY

- 30 dag mąki pszennej
- 20 dag masła
- 20 dag cukru
- 4 jajka
- 1 łyżka miodu
- 2 łyżeczki proszku do pieczenia
- 3 łyżki herbaty Earl Grey
- garść dowolnych bakalii (rodzynki, orzechy, migdały, kandyzowane owoce)
- sól
- tłuszcz i bułka tarta do formy

Mąkę przesiać z proszkiem do pieczenia i szczyptą soli. Masło utrzeć z cukrem i miodem na puszystą masę. Nadal ucierając, dodawać po jednym jajku. Następnie wsypać bakalie oraz suchą herbatę. Delikatnie wymieszać. Ciasto przełożyć do natłuszczonej i wysypanej bułką tartą keksowej formy i wstawić na 50 minut do nagrzanego piekarnika (180°C). Można nie dodawać bakalii.

KEKS EARL GREY

- 300 ml mocnej, świeżo zaparzonej i osłodzonej herbaty Earl Grey
- 10 dag dużych rodzynek
- 10 dag małych rodzynek
- 10 dag kandyzowanych skórek cytrusowych (może być sama skórka pomarańczowa)
- 1 jajko
- 15 dag mąki lub zmielonych otrębów
- 1 łyżka proszku do pieczenia
- sól
- tłuszcz i bułka tarta do formy

Rodzynki umyć, wymieszać ze skórkami i przełożyć do małej miseczki. Zalać osłodzoną herbatą, przykryć folią spożywczą i odstawić na noc. Jajko ubić. Mąkę przesiać z proszkiem i szczyptą soli, dodać razem z jajkiem do bakalii i wyrobić na jednolite ciasto. Przełożyć do natłuszczonej keksowej formy i wstawić do nagrzanego piekarnika (180°C) na około 60 minut; przed zakończeniem pieczenia sprawdzić, czy keks jest gotowy (najlepiej wykałaczką – jeśli zanurzona w ciasto pozostaje sucha, keks jest już upieczony).

AMBROZJA HERBACIANA

- półtorej szklanki mocnej, świeżo zaparzonej i lekko osłodzonej herbaty (może być czarna, zielona lub owocowa)
- pół szklanki soku z pomarańczy
- 1 galaretka pomarańczowa
- 1 serek waniliowy lub bita śmietanka w sprayu
- pół tabliczki gorzkiej czekolady

Galaretkę rozpuścić w herbacie energicznie mieszając, wymieszać z sokiem pomarańczowym. Przelać do salaterki i ostudzić, a następnie wstawić do lodówki przynajmniej na godzinę. Podzielić na porcje, przybrać serkiem albo śmietanką. Czekoladę zetrzeć na tarce i posypać każdą porcję.

NIE TYLKO NA SŁODKO

W Europie herbata znana jest tylko jako napój, a prawie nieużywana jako przyprawa kuchenna. Ma natomiast szerokie zastosowanie w sztuce kulinarnej narodów azjatyckich. Stosuje się suchą herbatę w zimnej i gorącej kuchni chińskiej. W Birmie je się świeże listki herbaty jako sałatę, a w Tybecie gotuje się z nich zupę. W Chinach i Tajlandii bardzo rozpowszechniona jest kiszona herbata. Ponadto Chińczycy i Birmańczycy przyprawiają potrawy herbatą w połączeniu z czosnkiem. Wiadomo powszechnie, że przyrządzając napar herbaciany należy unikać zapachu czosnku, nawet w pomieszczeniu, gdyż psuje on i głuszy aromat napoju, natomiast przy produktach spożywczych połączenie to daje swoisty pikantny zapach. Herbata jest silnym środkiem zapobiegającym gniciu i psuciu się. Czosnek roztarty w świeżym naparze herbaty był od dawna stosowany jako narodowy rosyjski środek na ból zębów i zapalenie dziąseł. Lek ten daje efekty już po kilku minutach, co można wyjaśnić bakteriobójczym, a także ściągającym działaniem tego zestawu na błonę śluzową.

ZIELONY RYŻ

Dla 1 osoby:

- 2 łyżeczki zielonej herbaty liściastej
- pół szklanki ryżu
- 1 łyżka cukru
- 1 łyżka octu (najlepiej ryżowego)

Zagotować wodę. Wrzucić ryż i listki herbaty; podgrzewać, stale mieszając na niewielkim ogniu, aż gdy ryż wchłonie całą wodę. Cukier i szczyptę soli wymieszać z octem, doprawić ryż. Godny polecenia oryginalny dodatek do dań orientalnych.

RYBKA W HERBACIE

- 1 kg filetów z białej ryby
- 2 szklanki mleka
- 20 dag (2 torebki) ryżu ugotowanego na sypko
- 3 łyżeczki herbaty liściastej
- 2 łyżki oliwy z oliwek
- 2–3 cebule
- 6–8 ziaren czarnego pieprzu

Ziarnka pieprzu lekko potłuc i wymieszać z dwiema łyżeczkami herbacianych listków. Filety podzielić na porcje, ułożyć w salaterce przesypując mieszanką herbacianą. Przykryć folią spożywczą i odstawić na 15 minut. Następnie zdjąć przykrycie i polać oliwą. Cebule pokroić w drobną kostkę lub zetrzeć na tarce z dużymi otworami, wyłożyć na filety, lekko wymieszać. Ponownie przykryć i odstawić na pół godziny. Zalać jedną szklanką mleka i zagotować na maleńkim ogniu. Dodać wtedy pozostałe mleko i pozostałe listki herbaty oraz ryż. Dusić na niewielkim ogniu do miękkości.

MIĘSKO W HERBACIE

- 50 dag wieprzowiny bez kości lub mięsa z piersi indyka pokrojonego w kostkę – jak na gulasz
- 2 łyżki oliwy lub dobrego oleju
- 5 dag masła
- 3 łyżeczki suchej herbaty liściastej (czarnej, zielonej lub mieszanki tych herbat, można zastosować również herbatę aromatyzowaną)
- 1 jabłko
- 4 ząbki czosnku
- sok z cytryny
- sól

Mięso włożyć na 5 minut do wrzącej wody, a następnie odcedzić. W rondelku z grubym dnem rozgrzać oliwę, dodać połowę masła, wrzucić mięso i dusić na niewielkim ogniu około 10 minut, stale mieszając. Jabłko obrać i pokroić w drobną kostkę, usuwając gniazda nasienne, skropić sokiem z cytryny. Ząbki czosnku obrać z osłonek i przekroić na połowę. Podduszone mięso posypać listkami herbaty, dodać jabłka i czosnek oraz pozostałe masło. Dusić do miękkości na niewielkim ogniu, często mieszając. Posolić do smaku. Podawać najlepiej z ryżem ugotowanym na sypko.

MIĘSKO CHINATOWN

- kawałek – około 1 kg tłustej wieprzowiny lub boczku względnie żeberek
- 3 łyżki płynnego miodu
- sok z połowy cytryny
- pół szklanki oliwy
- garść ziół (mogą być np. prowansalskie lub polski majeranek)
- 3 główki czosnku
- 1 łyżka czarnej herbaty liściastej
- 1 szklanka esencji herbacianej z czarnej herbaty

Mięso natrzeć sokiem z cytryny, miodem, połową oliwy i ziołami, zawinąć w folię spożywczą i włożyć do lodówki na całą noc. Następnego dnia obrumienić na pozostałej oliwie i ułożyć w brytfannie. Czosnek obrać i zmiażdżyć, miazgą natrzeć mięso. Posypać herbatą liściastą i podlać esencją. Piec około godziny w nagrzanym piekarniku, podlewając tworzącym się sosem, w połowie pieczenia mięso obrócić. Podobnie można przygotować skrzydełka drobiowe, jednak one nie wymagają obsmażania przed pieczeniem – marynowane skrzydełka wystarczy od razu przełożyć do brytfanny.

KACZKA „WEJŚCIE SMOKA"

- około 1 kg mięsa z piersi kaczki

Marynata:

- 5 dag świeżego imbiru
- 1–3 szklanki sosu sojowego
- pół szklanki dobrego oleju
- sól
- cukier
- przyprawa do drobiu
- 10 dag dobrej margaryny
- 4 torebki herbaty z owoców dzikiej róży
- imbir w proszku

Przygotować marynatę: imbir zetrzeć na tarce lub drobniutko posiekać, wymieszać z sosem sojowym i olejem, doprawić do smaku solą, cukrem i przyprawami. Marynata powinna mieć wyraźnie „orientalny" aromat. Mięso dobrze natrzeć marynatą, przykryć miseczkę folią spożywczą i wstawić na noc (12 godzin) do lodówki – dobrze byłoby w międzyczasie kilkakrotnie potrząsnąć miseczką.

Herbatę zalać dwiema szklankami wrzącej wody (najlepiej w termosie). Mięso lekko osączyć z marynaty (marynatę zachować) i obrumienić na tłuszczu z wszystkich stron. Dodać wywar herbaciany i dusić na małym ogniu, często obracając do miękkości (około 30 minut). Mięso wyjąć, pokroić na plastry, do sosu dodać pozostałą marynatę i zagotować. Jeśli ktoś lubi gęste, bardzo zawiesiste sosy, może dodać łyżeczkę mąki rozpuszczonej w zimnej wodzie albo specjalną gotową zasmażkę, wtedy należy podgrzewać na małym ogniu stale mieszając do chwili, aż sos zgęstnieje. Podawać najlepiej z sojowym makaronem lub ryżem i smażonymi warzywami (np. mieszanką chińską z mrożonki).

ŁOSOŚ W HERBACIANYM WDZIANKU

- 8 steków z łososia (około 1,5 kg)
- 1 czubata łyżka (3 dag) zielonej herbaty w proszku lub tyle samo zielonej herbaty liściastej, zmielonej w młynku do kawy lub utłuczonej w moździerzu
- 1 łyżka masła lub dobrej margaryny
- 3 szklanki gęstej śmietany
- sok i starta skórka z połowy cytryny
- 1 litr wywaru z ryby lub esencjonalnego warzywnego rosołu z kostki
- sól
- biały pieprz

Do wywaru rybnego wsypać zieloną herbatę i doprowadzić do wrzenia na niewielkim ogniu. Ostudzić i dokładnie zmiksować. Ponownie zagotować. Dodać jedną łyżkę masła i śmietanę, podgrzewać na małym ogniu (nie zagotowując) do chwili, aż sos wyraźnie zgęstnieje. Dodać sok i skórkę z połówki cytryny, doprawić solą i pieprzem do smaku; jeśli w sosie są grudki, to ponownie zmiksować lub przetrzeć przez sito. Steki z łososia ugotować na parze lub upiec na grillu. Podawać ryby polane sosem herbacianym.

ŁOSOŚ PO AFRYKAŃSKU

- 4 torebki lub 10 dag herbaty liściastej Rooibos
- 40 dag fileta z łososia
- 4 plastry wędzonego łososia
- garść posiekanej melisy
- 1 grejpfrut
- 1 pomarańcza
- sok z 1 małej cytryny lub limonki
- 5 łyżek miodu
- 1 łyżeczka ziaren sezamu

Herbatę zaparzyć jedną szklanką wrzącej wody, przykryć i odstawić na 5 minut. Następnie usunąć herbatę (jeśli używamy herbaty liściastej, napar trzeba przecedzić), a napar lekko posolić. Filet z łososia podzielić na porcje, zalać herbatą, i gotować na małym ogniu 5 minut od chwili zawrzenia. Odsączyć i posypać posiekaną melisą, a następnie zawinąć w plastry wędzonego łososia. Sok z cytryny wymieszać (a jeszcze lepiej zmiksować) z miodem i ziarnem sezamowym. Grejpfruta i pomarańczę obrać, pokroić w kostkę, usuwając albedo (białe błonki) oraz pestki. Wymieszać z sosem miodowym i ułożyć na porcjach ryby. Podawać najlepiej ze świeżymi grzankami albo paluszkami grissini.

ŚLEDZIE MANDARYŃSKIE

- 2 gałązki świeżego tymianku
- 3 szklanki oliwy z oliwek
- 50 dag filetów śledziowych matjasów
- 1 szklanka mocnej, świeżo zaparzonej czarnej herbaty
- sok z 1 cytryny
- ewentualnie 1 cytryna do dekoracji

Tymianek włożyć do małego słoiczka lub butelki, zalać oliwą i odstawić na 2 tygodnie. Filety umyć i pokroić na porcje, zalać naparem herbacianym i dobrze wymieszać. Przykryć folią spożywczą i odstawić w chłodne miejsce na 24 godziny, potrząsając miską od czasu do czasu. Następnego dnia filety osuszyć. Oliwę doprawić do smaku sokiem z cytryny, zalać śledzie i dobrze wymieszać. Cytrynę wyszorować, sparzyć wrzątkiem i pokroić na pół- lub ćwierćplasterki (można ją także uprzednio obrać ze skórki). Przed podaniem śledzia przybrać kawałkami cytryny.

HERBACIANY CHLEBUŚ

- 3–4 łyżki miodu
- 25 dag rodzynek
- 300 ml świeżo mocnej, zaparzonej gorącej czarnej herbaty
- 2 jajka
- 27,5 dag mąki pełnoziarnistej
- 1 łyżka proszku do pieczenia
- sól

Rodzynki dokładnie umyć i przebrać. Herbatę połączyć z miodem i mieszać do chwili, aż miód się rozpuści. Zalać rodzynki i odstawić na 2 godziny. Mąkę przesiać z proszkiem do pieczenia i szczyptą soli. Jajka lekko ubić, wymieszać z rodzynkami, a następnie, stale wyrabiając, dodawać po łyżce, mąkę z dodatkami. Przełożyć do natłuszczonej foremki i wstawić do nagrzanego piekarnika (180°C) na około 70 minut.

JAJA „STULETNIE"

Chińczycy podobno przygotowują swoje słynne jaja przez kilka lat (choć nie sto). My na to nie mamy warunków, natomiast z powodzeniem możemy przygotować „ekspresowe" pikantne jaja w ciągu dwóch dni. Podajemy je jako przekąskę – doskonałe do kieliszeczka czegoś mocniejszego. Jednak jeśli zależy nam na tym, aby nasze jajka jak najbardziej przypominały chiński pierwowzór, pamiętajmy, żeby nie używać jajek zbyt świeżych – najlepsze są takie, które uprzednio spędziły w lodówce przynajmniej 2 tygodnie.

- 10 jajek
- 2 łyżki czarnej herbaty liściastej
- 1 łyżeczka mielonego czarnego pieprzu
- 1 łyżeczka anyżku
- 2 kostki maggi, ewentualnie 1–3 łyżki przyprawy maggi w płynie (lub oryginalnego sosu sojowego)
- ziele angielskie
- kilka ziaren kolendry

Jajka zalać zimną wodą, doprowadzić do wrzenia i gotować 15 minut. Trzonkiem noża lekko nadtłuc skorupki, ale ich nie obierać. Do wody dodać przyprawy i jajka w skorupkach, tak aby woda przykrywała jajka i gotować na niewielkim ogniu przez 1–3 godziny (w razie potrzeby uzupełniając wodę), a następnie pozostawić jajka w roztworze na co najmniej 8 godzin (najlepiej na całą noc, a jeszcze lepiej – na 3 dni!).

MARMUROWE JAJA SAMURAJA

Podobne do poprzednich, ale nie takie same...

- 5–6 jajek
- 3 łyżki listków czarnej herbaty
- 2 łyżki sosu sojowego
- 1 łyżka sherry lub brandy
- 15 ziaren pieprzu
- 2 goździki
- 1 mały kawałek cynamonu
- 6 ziaren ziela angielskiego
- $^1/_3$ gwiazdki anyżku
- 1 kawałek suszonej papryczki chili
- 10 ziaren kolendry
- 1 łyżka soli

Sos:

- 2 łyżki tabasco
- pół szklanki sosu sojowego

Jaja ugotować na twardo, ostudzić i delikatnie potłuc skorupki, tak aby jednak nie odpadły od jajka. Przyprawy utłuc w moździerzu. W płaskim rondlu ułożyć jajka, dodać przyprawy, sos sojowy i sherry. Dodać trzy szklanki wody (jajka powinny być zaledwie przykryte) i gotować na małym ogniu przez 30 minut. Zdjąć z ognia i odstawić przynajmniej na 2 godziny, a jeszcze lepiej – na całą noc. Następnie obrać (na jajkach powinien być marmurkowy deseń).

Przygotować sos: tabasco wymieszać z sosem sojowym i polać jajka. Do zaprawy można też dodać kawałek ususzonej skórki mandarynki – zapewni ona lekko cytrusowy smak i piękny zapach.

JAJECZKA HERBACIANE

Wyglądem przypominają słynne „stuletnie jaja" będące specjalnością chińskiej kuchni.

- 6 jajeczek przepiórczych lub 4 niewielkie jajka kurze
- 4 torebki lub 4 łyżeczki mocnej czarnej herbaty
- 1 łyżeczka cukru
- sól

Jajka ugotować na twardo, zanurzyć w zimnej wodzie i obrać ze skorupek. Herbatę zaparzyć dwiema szklankami wrzątku, a następnie przecedzić, posłodzić i posolić. Przelać do niewielkiego rondelka i włożyć jajka. Gotować na jak najmniejszym ogniu (warto podłożyć płytkę ochronną) około godziny, a potem odstawić do ostudzenia – przynajmniej na kolejną godzinę, a jak twierdzą smakosze – najlepiej na całą noc, a nawet dłużej – do 3 dni. Podawać na przystawkę z dodatkiem majonezu lub chińskiego sosu sojowego.

HERBACIANA WĘDZONKA DLA WYBREDNYCH

- 4 świeże pstrągi (nie większe niż średnica garnka, którego użyjemy do wędzenia)
- 20 dag ryżu (najlepszy, bo niedymiący jest ryż świeży, wilgotny – niestety u nas raczej nieosiągalny)
- 20 dag cukru (najlepiej trzcinowego demerara, ale może być też zwykły)
- 20 dag suchej czarnej herbaty
- oliwa z oliwek
- czarny pieprz
- sól

Ryby oczyścić i odfiletować. W misce dokładnie wymieszać ryż, cukier i herbatę. Wok lub garnek do gotowania na parze wyłożyć folią aluminiową (matową stroną do góry) i mocno rozgrzać na sporym ogniu. Folia zapobiega osadzaniu się na ścianach garnka czarnej karmelowej skorupy, którą bardzo trudno usunąć. Wsypać mieszankę do wędzenia, starając się usypać z niej górkę na środku naczynia, tak aby mieszanka nie dotykała boków garnka. Na ruszt woka albo wkładkę do gotowania na parze położyć kolejny kawałek folii aluminiowej. Kiedy z garnka zacznie unosić się dym, wierzchnią warstwę folii posmarować oliwą i ułożyć porcje ryby, posolić i popieprzyć. Przykryć szczelnie pokrywką i podgrzewać na dużym ogniu około 12 minut.
Podobnie można przygotować porcje łososia (8–10 minut), a także filety z piersi kurczaka, indyka lub kaczki – około 15 minut. W chińskiej kuchni takie uwędzone kawałki mięsa najczęściej gotuje się jeszcze na parze, gdyż wtedy najlepiej uwydatnia się ich aromat.

NAJPROSTSZA HERBACIANA WĘDZONKA

- 1 filet z piersi kurczaka
- 5 g mieszanki do peklowania (peklosoli)
- 2 łyżeczki czarnej herbaty liściastej

Nie są potrzebne żadne specjalistyczne urządzenia, wystarczy wok. Herbatę należy dobrać według własnego smaku, może być aromatyzowana (np. Earl Grey), ziołowa, a nawet można zastąpić ją mieszanką ziołową (np. zioła prowansalskie) Pierś kurczaka natrzeć mieszanką do peklowania, zawinąć w folię spożywczą i odstawić w chłodne miejsce – najlepiej do lodówki na 24 godziny. W woku podgrzewać liście herbaty do chwili, aż zaczną dymić; wtedy zmniejszyć płomień, a nad herbatą położyć ruszt (może być drewniana kratka lub metalowy ruszt jak od grilla). Mięso ułożyć na ruszcie, przykryć wok i wędzić 10–15 minut. Takie uwędzone mięso warto jest następnie ugotować na parze – będzie smakować jeszcze lepiej.

SUPER OCET

Doskonały do doprawiania sałatek...

- 5 dag wyparzonych listków herbacianych
- 8 szklanek źródlanej wody
- 10 łyżeczek cukru
- 1 szklanka wytrawnego białego wina gronowego

Herbatę przełożyć do dużego szklanego słoja lub gąsiorka. Wodę zagotować, osłodzić i wymieszać, tak aby cukier się rozpuścił. Zalać listki herbaciane, a słój przykryć płatkiem gazy, który należy spiąć gumką recepturką. Odstawić w ciepłe, zaciszne miejsce. Kiedy fermentacja się skończy, a płyn nabierze klarowności, przecedzić i przelać do butelek, dając na każde ćwierć litra octu ćwierć szklanki wina.

SAMO ZDROWIE, CZYLI HERBATKI ZIOŁOWE

Napary ziołowe znano i stosowano już w pradawnych czasach. W średniowieczu umiejętność zbierania i suszenia ziół szczególnie rozwinęli mnisi, do dziś znane są i szeroko stosowane niektóre leki wytwarzane od ponad 1000 lat... Z drugiej strony właśnie na ziołach opierała się niemal cała medycyna ludowa. Dzisiaj także i medycyna profesjonalna często sięga do ziołowych surowców, a napary i wywary z mieszanek ziołowych cieszą się dużą popularnością.

Ziołowe i ziołowo-owocowe herbatki mają wiele zalet – są smaczne, doskonale koją pragnienie, a przy tym korzystnie wpływają na nasz organizm. Herbatki takie możemy przygotowywać samodzielnie, nie jest to sprawa skomplikowana. Od kilkunastu lat dużą popularnością cieszy się herbatka, w której skład wchodzą: suszone owoce głogu (40%), suszony kwiat hibiskusa, czyli malwy sudańskiej (40%), suszone jabłka (10%) i suszone owoce czarnego bzu (10%). Głóg jest jednym z najlepszych ziołowych środków w profilaktyce chorób serca – krótko mówiąc – zapobiega jego starzeniu się, normalizuje krążenie i zwiększa wydolność.

Hibiskus nadaje naparowi wspaniały czerwony kolor i stanowi doskonałe źródło naturalnej witaminy C. Przypisuje mu się też działanie oczyszczające organizm, usprawniające przemianę materii, a nawet antybakteryjne i lekko moczopędne. Napar z czarnego bzu (wolny od toksycznego składnika tzw. sambunigryny) działa moczopędnie, przeciwgorączkowo i zmniejsza kruchość naczyń włosowatych.

Z tym zestawem może konkurować jedynie herbata sporządzana z owoców dzikiej róży, smaczna, orzeźwiająca i zawierająca dużo naturalnej witaminy C.

Możemy także sami przygotowywać herbatki aromatyzowane, mieszając herbatę z ziołami. Można wykorzystywać do tego celu zarówno herbatę czarną, jak i zieloną, biorąc herbatę i zioła w proporcji 1:1, czyli pół na pół.

Najlepszymi dodatkami do herbaty są: mięta, rumianek, szałwia, kwiat lipy, owoc maliny, kwiat lub owoc róży, szałwia, tymianek, macierzanka, melisa, bazylia, anyżek i głóg. Można także łączyć taki herbaciano-ziołowy aromat z dodatkiem korzeni – cynamonu czy goździków, a także suszonych skórek cytrusowych. Zatem jest to szerokie pole do popisu.

HERBATA MIĘTOWA

Herbata miętowa jest skutecznym środkiem na dolegliwości żołądkowo-jelitowe: niestrawność, nudności i bolesne skurcze żołądka. Pobudza też wydzielanie żółci. Nie jest jednak raczej polecana przy problemach z nadkwasotą żołądka. Jest godna polecenia zarówno dla pań – łagodzi bowiem bóle menstruacyjne, jak i dla panów, doskonale bowiem koi pragnienie i likwiduje niemiłe pozostałości „kawalerskiej" zabawy i suto zakrapianych kolacji.

Prawdopodobnie napary z mięty pijali już nasi słowiańscy przodkowie, jednak nie zyskały sobie one takiej rangi jak w krajach północnej Afryki. Herbata miętowa, zwana po arabsku „ataj", czasami nazywana jest nawet żartobliwie „marokańską bądź berberyjską whisky", gdyż podaje się ją tradycyjnie przy wszelkich uroczystościach rodzinnych – i nie tylko, często szklaneczką tego niebywale słodkiego napoju częstują nawet kupcy swoich klientów.

„Klasyczna" marokańska herbata jest przygotowywana na bazie naparu z granulowanej zielonej chińskiej herbaty, który mocno się słodzi i podaje tradycyjnie z gałązką świeżej mięty, a czasem także i z domieszką kwiatów pomarańczy. Taką herbatę podaje się w eleganckich dzbankach i nalewa do niewielkich szklaneczek, trzymając dzbanek wysoko, tak aby tworzyła się piana, zwiększająca aromat herbaty. Miętowa herbata ma mieć znaczenie symboliczne – jej intensywnie zielony kolor jest symbolem proroka, ponadto oznacza płodność, podczas gdy dodatek cukru oznacza przyjaźń. Herbatę pije się zazwyczaj gorącą, jedynie podczas szczególnie upalnych miesięcy dodaje się do niej lód. Popularność mięty w północnej Afryce wiąże się jeszcze z jedną jej cechą – a mianowicie jej intensywny rześki zapach stanowi naturalny… dezodorant, a nieprzyjemnych zapachów w gorącym klimacie nigdy nie brak. Według arabskiej tradycji w ciągu dnia powinno się wypić co najmniej trzy szklanki herbaty miętowej – pierwszą za życie, drugą za miłość, a trzecią za śmierć.

W Polsce napar z mięty od dawna był doceniany jako doskonały napój gaszący pragnienie podczas upałów, szczególnie jeśli doprawiło się go łyżeczką winnego octu.

MIĘTA NA UPAŁY!

- 1 torebka ziołowej herbatki z mięty lub melisy
- 1 łyżeczka octu winnego lub soku z cytryny
- 1 łyżeczka miodu

Herbatę zaparzyć w dużym dzbanku, doprawić do smaku octem winnym lub cytryną i osłodzić (nieznacznie) miodem. Ostudzić. Doskonały napój na upały!

SŁONECZNA SJESTA

Doskonały napój gaszący pragnienie i tonizujący, świetnie wpływa także na trawienie.

- 2 łyżeczki suszonej mięty lub 2 torebki miętowej herbatki
- 2 łyżeczki suszonego rumianku lub 2 torebki rumiankowej herbatki
- sok z czarnej porzeczki
- ewentualnie miód

Zioła zalać czterema szklankami wrzącej wody (najlepiej w termosie). Napar przecedzić i dodać do smaku sok z czarnej porzeczki. Można też dosłodzić miodem.

ŚWITEZIANKA

Doskonały napój gaszący pragnienie...

- 3 łyżeczki lub 3 torebki mięty
- 10 dag porzeczek lub żurawin
- 3 łyżki cukru

Miętę zaparzyć jedną szklanką wrzącej wody (najlepiej w termosie), osłodzić. Owoce umyć, oczyścić z ogonków i przetrzeć przez sito lub zmiksować z dwiema szklankami zimnej, przegotowanej wody. Miętowy napar połączyć z przecierem owocowym. Schłodzić w lodówce.

MIĘTÓWKA LETNISKOWA

Doskonale koi pragnienie...

- 2 szklanki świeżo zaparzonej mocnej herbaty miętowej
- 2 szklanki jabłkowego soku (najlepiej naturalnego, ale może być też z kartonika)
- szczypta cynamonu lub/i szczypta zmielonych goździków

Herbatę wymieszać z sokiem jabłkowym i przyprawami, schłodzić.

MIĘTÓWKA PO SKANDYNAWSKU

Doskonały napój do poduszki dla dzieci i dorosłych... Podany na zimno doskonale koi pragnienie...

- 2 łyżeczki lub 2 torebki mięty
- 1 szklanka przegotowanego mleka
- miód do smaku

Miętę zaparzyć dwiema szklankami wrzącej wody (najlepiej w termosie), przecedzić, wymieszać z mlekiem. Można posłodzić miodem.

HERBATA IMBIROWA

Imbir jest uważany w krajach arabskich za najpopularniejszy afrodyzjak. Mówi się o nim nawet, że rozpala ogień w ludzkim ciele. Nie jest to pozbawione racji, gdyż imbir zawiera substancje, które pobudzają krążenie krwi i łagodzą wewnętrzne napięcia. W starożytności i w średniowieczu uważano imbir za skuteczny środek zabezpieczający przed wszelkimi epidemiami, np. dżumy. Napar imbirowy jest doskonałym środkiem na przemarznięcie i przeziębienie, łagodzi niedyspozycje żołądkowe, zapobiega mdłościom, a podobno także potrafi ograniczyć przykre objawy migreny. Jest uważany za najlepsze, całkiem naturalne i pozbawione skutków ubocznych lekarstwo na chorobę lokomocyjną – sprawdza się nie tylko w przypadku ludzi, ale i zwierząt. W dodatku ostatnio wyniki badań wskazują, że imbir zapobiega chorobom zwyrodnieniowym stawów i kręgosłupa, co w naszych czasach jest szczególnie istotne. W niektórych krajach Azji płukanie gardła mocnym i gorącym imbirowym naparem jest uważane za bardzo skuteczny środek przeciwko anginie, dezynfekujący górne drogi oddechowe (zaszkodzić nie powinno, więc spróbować warto). W dodatku wiele osób po prostu lubi smak imbiru, pikantny i orientalny (można go dodatkowo wzmocnić dodatkiem szczypty pieprzu). Trudno sobie bez imbiru wyobrazić dobry domowy piernik albo.... prawdziwe polskie „flaczki". Na świecie dużą popularnością cieszy się tzw. piwo imbirowe (ginger ale), doskonale zaspokajające pragnienie. Nasi rodzice musieli zadowalać się sproszkowanym imbirem, my jesteśmy w znacznie lepszej sytuacji – we wszystkich większych sklepach bez trudu można kupić świeże kłącza imbirowe.

Herbatę imbirową można także pić silnie schłodzoną, z dodatkiem kostek lodu, można też dla zaostrzenia smaku dodać do wywaru szczyptę pieprzu.

NAJPROSTSZA HERBATKA IMBIROWA

Czyli imbirowe SOS. Doskonale rozgrzewa, likwiduje nudności (także i te dokuczające kobietom przy nadziei).

Łyżeczkę sproszkowanego imbiru zaparzyć w jednej szklance wrzącej wody. Pić bardzo gorącą. Można też szczyptę sproszkowanego imbiru dodać do świeżo zaparzonej zwykłej herbaty.

WARSZAWSKA ANTYGRYPINKA

- 1 kawałek kłącza imbiru wielkości połowy małego palca
- szczypta cynamonu
- sok z cytryny
- miód

Imbir obrać i zetrzeć na tarce z małymi otworami. Przełożyć do kubka, dodać szczyptę cynamonu i zalać jedną szklanką wrzącej wody. Przykryć i odstawić na 10 minut. Przecedzić, dodać plasterek cytryny i miód do smaku. Jeśli ktoś nie lubi cynamonu, można z niego zrezygnować.

KLASYCZNY HINDUSKI ADRAK CZAI

W północnych Indiach pija się go podczas zimowych miesięcy. Ta herbatka ma właściwości rozgrzewające, jest też wspaniałym domowym lekarstwem na przeziębienia i bóle gardła.

- ➔ 3 łyżki drobno startego korzenia imbiru
- ➔ 4 łyżki cukru lub miodu lipowego
- ➔ 1 cytryna
- ➔ 1 pomarańcza
- ➔ garść posiekanych listków świeżej mięty
- ➔ ewentualnie szczypta pieprzu

Do rondelka wsypać imbir i miętę, zalać trzema szklankami wody i gotować około 10 minut bez przykrycia na dużym ogniu. Osłodzić do smaku, a następnie przecedzić przez drobne sitko. Z połowy cytryny i całej pomarańczy wycisnąć sok, połączyć z wywarem imbirowym. Do każdej szklanki wkroić plasterek cytryny i dodać szczyptę mięty. Jeśli ktoś lubi ostre smaki i orientalne aromaty, może dodatkowo do herbaty dodać szczyptę świeżo zmielonego pieprzu.

HERBATA IMBIROWA PO BOMBAJSKU

- ➔ 1 kawałek imbiru wielkości palca
- ➔ 3 łyżki miodu
- ➔ 1 łyżeczka potłuczonych goździków
- ➔ szczypta cynamonu
- ➔ szczypta anyżku

Imbir obrać, drobno pokroić lub zetrzeć na tarce, zalać czterema szklankami wody mineralnej. Dodać przyprawy i miód, po czym gotować pod przykryciem na małym ogniu około 30 minut, następnie zdjąć przykrywkę i gotować kolejne 15 minut. Przecedzić i podawać bardzo gorącą. Można także przygotować w ten sposób napar imbirowy bez dodatku przypraw, z samego imbiru i miodu.

ROZGRZEWKA WYKWINTNA

- kawałek świeżego imbiru wielkości palca
- szczypta cynamonu
- 2 goździki
- 2–3 ziarenka czarnego pieprzu
- 2–3 plasterki cytryny
- 2–3 łyżki miodu

Imbir utrzeć lub drobniutko posiekać, goździki i pieprz lekko potłuc, dodać cynamon i zalać trzema szklankami wody. Gotować pod przykryciem na małym ogniu około 15 minut. Przecedzić i wymieszać z miodem. Do termosu włożyć plasterki cytryny (obowiązkowo ze skórką) i wlać wywar. Odstawić na 5 minut i nalewać – pić bardzo gorące.

ROZGRZEWKA LUBELSKA

- 4 szklanki mocnej, świeżo zaparzonej czarnej herbaty
- 1–2 cytryny
- kawałek imbiru wielkości palca
- miód lub cukier

Imbir obrać i zetrzeć albo drobniutko posiekać. Cytrynę sparzyć wrzątkiem, pokroić razem ze skórką na plasterki, a potem każdy plasterek przekroić na cztery części. Do dużego termosu (najlepiej tzw. konferencyjnego) włożyć rozdrobniony imbir i cytrynę, zalać gorącą herbatą i odstawić na 15 minut. Gorącą herbatę można osłodzić do smaku. Można także najpierw zaparzyć herbatę w termosie (5 minut), a następnie usunąć torebki i dodać do naparu miód, imbir i cytrynę. Zamknąć i kilka razy energicznie potrząsać, żeby się składniki dobrze wymieszały.

IMBIROWA ROZGRZEWKA REMBERTOWSKA

- 1 kawałek imbiru wielkości palca
- 1 jabłko

Imbir i jabłko pokroić w jak najcieńsze plasterki i przełożyć do dzbanka lub – jeszcze lepiej – termosu. Zalać wrzącą wodą (2–3 szklanki) i parzyć pod przykryciem 10 minut. Można osłodzić cukrem lub miodem, względnie dodać odrobinę świeżych listków mięty.

WARSZAWSKA HERBATKA PRZECIWGRYPOWA

- 2 łyżeczki suszonych owoców róży
- 2 łyżeczki rumianku
- miód lub cukier

Owoce róży zalać w rondelku czterema szklankami wody i gotować na małym ogniu 5 minut od chwili zawrzenia. Dodać rumianek, przykryć i odstawić na 10 minut. Przecedzić i osłodzić miodem lub cukrem.

HERBATKA CIECHANOWSKA NA PRZEZIĘBIENIE

- garść suszonych owoców czarnego bzu
- garść suszonych owoców jarzębiny
- garść suszonych owoców głogu

Suszone owoce czarnego bzu zmieszać z jarzębiną i głogiem (który neutralizuje charakterystyczny gorzkawy smak i aromat bzu). Zmielić w młynku do kawy. Trzymać w szczelnie zamkniętym słoiku. Parzyć jak zwykłą herbatę.

HERBATKA MALINOWA KRESOWA

Herbatka malinowa stosowana jest od bardzo dawna jako naturalne lekarstwo na przeziębienie. Do zrobienia tej herbatki potrzebne są całe maliny, pędy i liście (pędy zrywa się w okresie zimowym). Po zerwaniu owoców i liści, wszystko rozdrabnia się razem i zasusza. Wiosną trzeba zebrać młode listki malin i ususzyć – najlepiej w suszarce do grzybów. Podobnie ususzyć owoce i wreszcie zimą wyciąć trochę pędów malinowych, pokroić na krótkie kawałki i również ususzyć. Mieszankę należy wymieszać i przechowywać w szczelnie zamykanym słoiku. W przypadku przeziębienia mieszankę parzy się jak zwykłą herbatę – warto też dodać do niej sok malinowy.

CZARNA HERBATKA PODLASKA

Przygotowywana na puszczańskich terenach od zamierzchłych czasów, w opinii znawców w niczym ma nie ustępować najlepszym orientalnym herbatom. Wiosną należy zebrać podobną ilość liści poziomek, malin i jeżyn. Liście przebrać, włożyć do szczelnych worków i zamknąć. Wystawić na słońce i pozostawić na 1–2 dni. Liście powinny lekko sfermentować. Następnie sfermentowane liście należy dokładnie wysuszyć (także i w tym wypadku najlepiej posłużyć się maszynką do suszenia grzybów), można jednak suszyć liście także w nastawionym na minimum lekko uchylonym piekarniku lub na świeżym powietrzu – jednak nie na słońcu, tylko w cieniu. Suche, jak przysłowiowy pieprz, liście należy włożyć do hermetycznie zamykanych słoików lub puszek i parzyć jak zwykłą herbatę. Do mieszanki można dodać także i suszone owoce.

HERBATKA STAROPOLSKA

Można przygotować ją z liści poziomek, a także malin, wierzbówki, czernicy, brusznicy, żurawin i wrzosu). Zebrane i przebrane liście rozsypać w cieniu 5-centymetrową warstwą i suszyć przez dobę, aż zwiędną. Następnie liście skręca się w dłoniach do chwili, aż pojawi się sok. Skręcone liście wysypać równą warstwą do płaskiego pudła, przykryć wilgotną gazą albo lnianą względnie bawełnianą ściereczką i pozostawić na 6–10 godzin w temperaturze ok. 26°C. Sfermentowane liście suszy się przez 40 minut w temperaturze 100°C (np. w piekarniku lub w suszarce do grzybów). Zamiast skręcać, można zwiędnięte liście prasować wałkiem, a następnie zawinąć w wilgotną ściereczkę i pozostawić na 36 godzin.

CZARNA HERBATKA ŻMUDZKA

W równych proporcjach:

- liście poziomki
- liście czarnej jagody
- liście czarnej porzeczki
- owoce malin

Liście najlepiej zbierać wiosną i suszyć w cieniu, można także wykorzystać bardzo wygodne urządzenie do suszenia grzybów, tylko trzeba uważać, żeby zioła nie nabrały grzybowego zapachu! Maliny zebrać i ususzyć, kiedy dojrzeją. Składniki herbatki dobrze wymieszać, przechowywać w szczelnym słoju lub hermetycznie zamykanej puszcze. Parzyć jak zwykłą herbatę, słodzić najlepiej miodem. Można także dodać do herbaty suszone owoce czarnych jagód i czarnej porzeczki.

SEKRETNA HERBATKA NA CHANDRĘ

Ma podobno niesamowite działanie – mija po niej nawet depresja, a jeśli chodzi o smak, ma to być jedna z najlepszych ziołowych herbatek.

- 3 łyżeczki suszonych młodych liści czarnej porzeczki
- 3 łyżeczki suszonej melisy
- 3 łyżeczki suszonego dziurawca
- miód

Zioła zaparzyć (najlepiej w termosie) trzema szklankami wrzącej wody, powinny naciągać dość długo – około 15 minut. Przecedzić i osłodzić miodem. Zamiast suszonych ziół możemy wykorzystać świeże, o ile oczywiście mamy je do dyspozycji.

ŚLĄSKA HERBATKA NA BÓL GŁOWY

- 3 dag suszonego liścia babki
- 3 dag kwiatu lipy
- 3 dag suszonych koszyczków rumianku
- 2 dag suszonego ziela ruty

Wszystkie zioła wymieszać. W razie potrzeby jedną łyżkę ziół zalać jedną szklanką wrzącej wody (najlepiej w specjalnym kubku do parzenia), przykryć i odstawić na 15 minut. Pić nie częściej niż 1–2 razy dziennie.

BABCINA HERBATKA NA BÓL GŁOWY

Podobno doskonale likwiduje ból głowy, szczególnie taki, który towarzyszy typowym kobiecym problemom. Jednak należy bardzo ostrożnie stosować ziele ruty, gdyż może ona powodować silniejsze krwawienia miesiączkowe, a w okresie ciąży jest zdecydowanie niewskazana. Podobnie jak i dziurawca, ruty nie powinno się stosować w czasie, kiedy się opalamy, gdyż uczula ona na promienie słoneczne.

- 3 dag liścia babki
- 3 dag kwiatów lipy
- 3 dag rumianku
- 2 dag ruty ogrodowej

Zioła wymieszać i przechowywać w szczelnie zamykanym słoiku lub hermetycznie zamykanej puszce. Łyżkę mieszanych ziół zalać jedną szklanką wrzącej wody (najlepiej korzystać ze specjalnych porcelanowych szklanek do parzenia ziółek) i odstawić na 15 minut. Pić 1–2 razy dziennie.

ŚLĄSKA HERBATKA ANTYGRYPINA

- 5 dag suszonego kwiatu lipy
- 10 dag suszonej melisy
- 5 dag suszonej mięty pieprzowej

Wszystkie zioła wymieszać. W razie potrzeby jedną łyżkę ziół zalać jedną szklanką wrzącej wody (najlepiej w specjalnym kubku do parzenia), przykryć i odstawić na 15 minut. Pić 3–4 razy dziennie, aż do ustąpienia objawów.

BESKIDZKA HERBATKA ANTYGRYPINKA

Warto ją wypić, gdy zaczyna nas »rozbierać« i łamać w kościach – owoce róży to porcja naturalnej witaminy C, a rumianek to jeden z najlepszych łagodzących środków, jakie oferuje nam matka natura.

- 1 łyżka suszonych owoców róży
- 1 łyżeczka rumianku
- miód lub cukier

Owoce róży przełożyć do małego rondelka, zalać jedną szklanką wody i zagotować na małym ogniu. Zdjąć z ognia. Do wrzątku wsypać rumianek, przykryć i parzyć około 10 minut. Następnie przecedzić i osłodzić miodem lub cukrem.

ŚLĄSKA HERBATKA DLA PRZEZIĘBIONYCH

- 3 dag suszonego kwiatu lipy
- 3 łyżki dobrego miodu, najlepiej lipowego
- pół szklanki syropu malinowego, najlepiej domowego

Kwiat lipy zalać jedną szklanką wrzącej wody (najlepiej w specjalnym kubku do parzenia ziół), przykryć i odstawić na piętnaście minut. Trzy szklanki wody zagotować, połączyć z przecedzonym naparem, dodać miód i syrop malinowy. Dokładnie wymieszać i pić jak najgorętsze.

KRESOWA ANTYGRYPINKA

Doskonała jako środek napotny, kiedy gorączka zaczyna rosnąć...

- 1 łyżeczka suszonego kwiatu lipowego
- 1 łyżeczka suszonego rumianku
- 1 łyżeczka suszonych malin lub/i poziomek
- cukier lub miód

Suszone owoce zalać półtorej szklanki wody i zagotować na małym ogniu. Zdjąć z ognia, dodać lipę i rumianek, przykryć i parzyć około 10 minut. Można także wrzucić suszone zioła do termosu i zalać wywarem owocowym.

ŚLĄSKA HERBATKA PRZECZYSZCZAJĄCA

- 3 dag kory kruszyny
- 2 dag rumianku
- 1 dag kwiatu lipy
- 1 dag mięty pieprzowej
- 1 dag kozłka lekarskiego
- 3 dag liści jeżyny

Wszystkie zioła wymieszać. W razie potrzeby jedną łyżkę ziół zalać jedną szklanką wrzącej wody (najlepiej w specjalnym kubku do parzenia), przykryć i odstawić na 15 minut. Wypijać przed snem jedną szklankę naparu z ziół przy nawykowych zaparciach.

ŚLĄSKA HERBATKA NA DOBRY SEN

- 3 dag suszonego kwiatu lipy
- 4 szklanki mleka
- 8 łyżeczek cukru

Kwiat lipowy zalać jedną szklanką wrzątku i zaparzać pod przykryciem około 15 minut (najlepiej w specjalnym kubku do parzenia ziół). Mleko zagotować. Napar przecedzić i połączyć z gorącym mlekiem, osłodzić do smaku.

PODLASKA ZDROWOTNA HERBATKA

Doskonałe remedium na dolegliwości trawienne, sprawdza się także jako napój skutecznie gaszący pragnienie, zwłaszcza dokuczające w przebiegu chorób gorączkowych. W tym drugim przypadku można posłodzić miodem lub sokiem z porzeczki.

- pół łyżeczki mięty ewentualnie pół łyżeczki rumianku
- miód lub sok z porzeczki (najlepiej domowy)

Zioła zalać jedną szklanką wrzącej wody (najlepiej w specjalnym kubku do parzenia ziół lub w termosie), odstawić na 10–15 minut. Przecedzić i połączyć z sokiem z porzeczki. Ostudzić do temperatury pokojowej.

GALICYJSKA DOBROCZYNNA HERBATKA

Przygotować mieszankę, biorąc równe proporcje owoców kminku, owoców kolendry, kwiatów lawendy i mięty. Owoce lekko potłuc, wszystko dokładnie wymieszać, przechowywać w szczelnym słoiku lub hermetycznie zamykanej puszcze. Parzyć jak zwykłą herbatę około 5 minut. Taka herbatka tonizuje i świetnie wpływa na trawienie, jest więc doskonała po sutym świątecznym obiedzie albo kolacji. W dodatku świetnie koi pragnienie, nadaje się więc także i na letnie upały.

WIOSENNA HERBATKA OCZYSZCZAJĄCA

Skutecznie odtruwa i... odmładza.

- 5 dag świeżych listków pokrzywy
- 2 dag rozdrobnionego anyżu
- 3 dag liści kwiatów i korzenia mniszka lekarskiego

Wszystkie składniki dokładnie oczyścić, przełożyć do termosu i zalać czterema szklankami wrzącej wody. Po 5 minutach przecedzić. Należy pić trzy szklanki dziennie przez cztery tygodnie: jedną na czczo, a pozostałe przed obiadem i przed kolacją. Kuracja trwa, dopóki są świeże listki pokrzywy i mleczu – a więc około miesiąca.

HERBATKA ANTYZŁAMANIOWA

Żywokost można z powodzeniem uprawiać w najmniejszym nawet ogródku czy w doniczce na balkonie albo na parapecie okiennym. Ta długowieczna bylina jest doskonałym surowcem zielarskim i jest niezastąpiona w przypadku wszelkich kontuzji i złamań – błyskawicznie przyspiesza zrastanie się kości, o czym mogę osobiście zaświadczyć. Roślinę można systematycznie „podszczypywać", zbierając młode listki, można też ją przycinać nawet 5 razy w roku. Młode listki zaparza się w termosie lub kubku do parzenia ziół, można także parzyć suszone liście (do kupienia w sklepie zielarskim) jak zwykłą herbatę, tyle że dłużej – około 15 minut. Zerwać małe i średnie listki żywokostu lekarskiego (w ciągu roku można roślinę przycinać 4–5 razy, dożywa 30 lat), pokroić, zaparzyć gorącą wodą i parzyć niecałą minutę. Można też zaparzyć dwie łyżki suszonych liści, wyjąć z naparu, wycisnąć, zagotować z jedną czwartą litra świeżej wody i pozostawić na 15 minut. Przecedzić i dodać do zimnego naparu. Pić rano i wieczorem.

HERBATKA PANA WŁADKA

- 1–2 suszone jabłka
- 1 łyżka rumu
- cukier (najlepiej kandyzowany lub brązowy) albo miód

Jabłko pokroić w paseczki i zalać jedną szklanką wrzącej wody (najlepiej w termosie albo kubku do parzenia ziół) i parzyć około 5 minut. Przed podaniem osłodzić i wlać łyżkę rumu. Można także dodać do jabłka szczyptę cynamonu. Zamiast suszonego jabłka można wykorzystać suszone skórki od jabłek.

KOŃSKA KURACJA WZMACNIAJĄCA ODPORNOŚĆ

Od dawna wiadomo, że owies zawiera wzmacniającą aweninę, nic więc dziwnego, że Anglicy przez wiele wieków wychowywali swoje młode pokolenia właśnie na owsiance...

- 1 łyżeczka ziaren owsa (z łuskami, takiego jak dla koni)
- miód

Owies przepłukać na sitku pod bieżącą wodą i zalać szklanką wrzątku. Przykryć i odstawić na 15 minut, odcedzić i doprawić do smaku miodem. Popijać w ciągu dnia po kilka łyków w czasie rekonwalescencji albo osłabienia.

HERBATA LIPOWA
NA ZAZIĘBIENIE I STRES

Lipa działa uspokajająco, a dzięki właściwościom napotnym polecana jest przy przeziębieniu lub gorączce. Herbatka lipowa jest delikatnym i smacznym napojem, dostosowanym szczególnie do potrzeb niemowląt i małych dzieci.

- garść suszonych kwiatów lipy
- 4 łyżki miodu pszczelego (najlepiej lipowego)
- pół szklanki syropu lub soku malinowego

Kwiaty lipy zaparzyć (najlepiej w termosie) czterema szklankami wrzącej wody. Do gorącego naparu dodać miód oraz sok malinowy, podawać na ciepło.

HERBATA LIPOWA NA GRYPĘ

- garść suszonego kwiatu lipy lub 4 torebki herbatki lipowej
- 3 szklanki mleka
- miód lub cukier

Kwiat lipowy zaparzyć jedną szklanką wrzącej wody (najlepiej w termosie), a następnie przecedzić. Mleko zagotować, połączyć z naparem lipowym i osłodzić do smaku miodem lub cukrem. Pić bardzo gorącą.

AROMATYCZNA HERBATA NA ZIMNE I UPALNE DNI

Bardzo często przed jedzeniem jabłka obiera się ze skórki, a obierzyny wyrzuca. Warto je jednak zachować (o ile są czyste i niepryskane środkami chemicznymi), gdyż można z nich przygotować wspaniałą herbatkę, która zarówno doskonale koi pragnienie podczas letnich upałów, jak i rozgrzewa podczas zimnych wieczorów. Obierzyny z jabłek należy ususzyć – najlepiej w suszarce do grzybów, ale można też suszyć je w letnim elektrycznym piekarniku (najlepiej z termoobiegiem) albo na świeżym powietrzu. Ususzone obierzyny należy przechowywać w szczelnie zamykanym słoiku, można także do nich dodać suszoną skórkę z pomarańczy, mandarynki lub cytryny, ewentualnie kawałek kory cynamonowej i kilka lekko pokruszonych goździków. Tak przygotowane obierzyny zaparzamy jak zwykłą herbatę – najlepiej w termosie, aby dobrze naciągnęła.

NALEWKI HERBACIANE

HERBATKA PANA PICKWICKA

Taka herbatka najlepiej nadaje się do rozgrzania zmarzniętych i pocieszenia zniechęconych.

- 2 łyżeczki suchej herbaty liściastej, najlepiej Earl Grey
- 5 łyżek cukru lub 3–4 łyżki miodu
- pół laski wanilii
- 1 szklanka spirytusu (95%)
- 2 kieliszki rumu lub brandy (40 ml)
- 1 szklanka czystej wódki (45%)
- 1 szklanka źródlanej wody
- sok i skórka z połowy cytryny

Wodę zagotować z wanilią, zalać liście herbaty (najlepiej w kamionkowym czajniczku), jednak można też i w rondelku, przykryć. Pozostawić na 10 minut, a następnie wymieszać z cukrem lub miodem oraz skórką i sokiem z cytryny. Ostudzić i przecedzić do dobrze wyparzonej dużej butelki lub słoja. Dodać spirytus i rum, szczelnie zamknąć i pozostawić na 2–3 miesiące.

LADY IN BLACK

- 0,5 litra czystej wódki
- 2 łyżki czarnej herbaty liściastej
- 20 ziarenek kawy
- półtorej szklanki cukru

Cukier rozpuścić w jak najmniejszej ilości wody, ostudzić. Do słoja włożyć herbaciane listki i kawę, wlać syrop cukrowy i alkohol. Szczelnie zamknąć i odstawić w ciemne miejsce na 2 tygodnie, codziennie potrząsając słojem. Po 2 tygodniach przefiltrować przez papierowy filtr do kawy albo kilkakrotnie złożoną gazę aptekarską. Odstawić na miesiąc. Podawać w małych kieliszeczkach od wódki.

GÓRALSKA HERBATKA

Doskonałe lekarstwo na zaziębienie i zły humor, działa także profilaktycznie, ale – uwaga! – tylko w niewielkich ilościach.

- 2 torebki dobrej czarnej herbaty, najlepiej Assam
- 1 szklanka źródlanej wody
- 3 łyżki soku malinowego
- 1 litr czystej wódki
- 1 szklanka rumu
- 1 szklanka cukru
- sok z połowy cytryny

Zagotować wodę i zaparzyć herbatę, pozostawić na 10 minut, osłodzić, dodać sok z cytryny i sok malinowy, wymieszać i ostudzić, przecedzić i wlać do dużej, dobrze wyparzonej butelki. Dodać rum i wódkę, szczelnie zamknąć i wymieszać, mocno potrząsając, odstawić na 2–3 miesiące.

HERBACIANKA GAZDÓWKA
– WERSJA ZAKOPIAŃSKA

- 0,5 litra czystej wódki
- 3 suszone śliwki bez pestek
- 10 rodzynek
- 1 łyżeczka herbaty liściastej
- 2 kostki cukru

Śliwki grubo pokroić, włożyć do czystej butelki lub słoja razem z rodzynkami, herbatą i cukrem. Zalać alkoholem, szczelnie zamknąć i odstawić na 10 dni, codziennie kilkakrotnie potrząsając butelką. Następnie przefiltrować, najlepiej przez bibułkowy filtr do kawy lub przez kilkakrotnie złożoną gazę aptekarską. Zdaniem niecierpliwych od razu nadaje się do picia, zdaniem cierpliwych napój powinien odstać jeszcze 2 tygodnie.

HERBACIANKA GAZDÓWKA
– WERSJA BUKOWIŃSKA

- 1 litr czystej wódki
- 1 łyżeczka suchej herbaty granulowanej
- 15 rodzynek
- 3 suszone śliwki z pestkami
- 4 kostki cukru

Wszystkie składniki przełożyć do czystego słoja i zalać wódką. Odstawić na 10 dni, codziennie kilkakrotnie potrząsając butelką. Następnie przefiltrować, najlepiej przez bibułkowy filtr do kawy lub przez kilkakrotnie złożoną gazę aptekarską.

CZARNA HERBACIANKA

- 2 łyżki czarnej herbaty liściastej
- 2 łyżeczki miodu (najlepiej lipowego lub akacjowego)
- 1 cukier waniliowy
- 1 szklanka spirytusu (90%)
- 1 szklanka słodkiego wina (najlepiej tokaju)
- 2 kieliszki (40 ml) brandy lub koniaku

Herbatę zaparzyć jedną szklanką wrzątku – najlepiej w termosie, a następnie przecedzić i gorącą wymieszać z miodem i cukrem waniliowym, tak aby się całkiem rozpuściły. Wymieszać herbatę, wino, spirytus i brandy, przelać do gąsiorka, zamknąć i dobrze wymieszać, energicznie potrząsając. Taka nalewka nadaje się do picia po 2–3 miesiącach, jeśli pragniemy degustować ją szybciej – miód lepiej zastąpić cukrem. Jeśli chcemy, aby nalewka była bardziej aromatyczna, zamiast cukru waniliowego możemy wykorzystać kawałek laski wanilii, który należy drobniutko posiekać i przełożyć do gąsiorka, a następnie zalać mieszanką alkoholową. W tym przypadku nalewkę po miesiącu należy przefiltrować przez papierowy filtr do kawy lub kilkakrotnie złożoną gazę aptekarską.

ZIELONA HERBACIANKA

- 6 łyżeczek dobrej zielonej herbaty liściastej
- 2 szklanki wódki
- 1 szklanka spirytusu
- pół szklanki cukru

Herbatę zalać wódką, pozostawić na 24 godziny. Czas jest bardzo ważny, gdyż pozostawienie nalewki na dłużej spowoduje, że stanie się ona gorzka. Nalewkę przefiltrować. Wodę doprowadzić do wrzenia, rozpuścić w niej cukier, schłodzić. W gąsiorku połączyć wszystkie składniki. Jeśli ktoś lubi nalewkę kolorową, dodać barwnik spożywczy (3 krople), odstawić na 24 godziny, mieszając kilkakrotnie. Nalewkę jeszcze raz przefiltrować, przelać do czystych butelek, szczelnie zamknąć i odstawić na 6 miesięcy.

MARYSIEŃKA

- 1 szklanka spirytusu
- 1 szklanka soku lub syropu malinowego
- 1 szklanka soku z cytryny
- 1 szklanka płynnego miodu (najlepiej lipowego)
- 4 torebki herbaty lipowej

Herbatę lipową zaparzyć (najlepiej w termosie) jedną szklanką wrzącej wody. Wyjąć torebki, a napar wymieszać z miodem, aby się całkiem rozpuścił, ostudzić. Następnie dodać sok malinowy, sok z cytryny oraz spirytus i wymieszać. Przelać do dużego słoja lub małego gąsiorka, szczelnie zamknąć i odstawić przynajmniej na miesiąc, choć są i tacy, którzy od razu zaczynają popijać, dowodząc, że jest to najlepszy środek profilaktyczny na przeziębienie.

HERBACIANE CIEKAWOSTKI

KOMBUCHA

Wśród miłośników medycyny niekonwencjonalnej dużą popularnością cieszy się tzw. grzyb herbaciany, zwany także kombuchą. Jest to mieszanina drożdży i bakterii, która – żywiona słodzoną herbatą – dostarcza co miesiąc ponad 1 litr musującego płynu, smakiem zbliżonego do soku jabłkowego, który podobno ma stanowić panaceum, środek leczący niemal wszystkie choroby i przedłużający skutecznie życie. Grzybek herbaciany i korzyści płynące z jego uprawy są znane ludzkości niemal tyle samo lat co herbata. Podobno o jego „cudownych" właściwościach wiedziano już w Azji Wschodniej w II wieku p.n.e.

Dawne kroniki wskazują, że na początku V wieku naszej ery (niektóre źródła podają nawet dokładną datę – rok 414) grzybek ów sprowadzono do Japonii z Chin na wyraźne życzenie cesarza. Potem wieść o nim zaginęła, aż do początków XX wieku, kiedy to ponownie „odkryła go" japońska ekipa lekarzy, badająca przyczyny długowieczności mieszkańców Tybetu. Optycznie kombucha przypomina coś w rodzaju sporego naleśnika o galaretowatej konsystencji. Wchodzące w jej skład drożdże przefermentowują cukier na alkohol, dając tym samym podłoże pokarmowe bakteriom. Bakterie przetwarzają alkohol na kwas glikuronowy, który powstaje w reakcji utleniania glukozy. Kwas ten istotnie posiada silne działanie odtruwające organizm, a nawet przeciwzapalne, wchodzi też w skład niektórych środków przeciwreumatycznych, stosowanych w medycynie tradycyjnej.

Poza kwasem glikuronowym kombucha produkuje kwas mlekowy i niemal pełny zestaw witamin z grupy B, można by więc uznać ją za probiotyk. „Uprawa" grzybka herbacianego w warunkach domowych nie jest trudna, jeśli pamięta się o zachowaniu szczególnej czystości, aby zamiast zdrowotnego napoju nie wyhodować szkodliwej mieszanki pleśni. Do uprawy grzybka potrzebny jest duży słój – ponad 2-litrowy, gdyż kombucha najlepiej rośnie w przestronnych naczyniach. Na początek do słoja powinno się wlać 1 szklankę płynu, w którym grzyb wcześniej bytował. Następnie należy przyrządzić około 2 litrów mocnej herbaty (biorąc przynajmniej 1 łyżeczkę liści herbacianych na 1 litr wody) i mocno ją posłodzić (przynajmniej 10 dag cukru na 1 litr herbaty). Nie można używać miodu, gdyż „mechanizm działania" kombuchy opiera się na rozkładzie cukrów złożonych na cukry proste, a miód zawiera właśnie cukry proste. Z tego samego powodu jako pożywki nie powinno się używać glukozy. Herbatę należy ostudzić do temperatury pokojowej i zalać grzyb, tak aby pozostawał on stale przykryty, a słój zabezpieczyć płatkiem gazy (najlepiej korzystać z czystej gazy aptecznej) i gumką recepturką. Tak przygotowaną kombuchę należy odstawić w ciepłe miejsce (optymalna temperatura to 23°C) na 8–12 dni. Jeśli temperatura będzie niższa, proces „dojrzewania" może się wydłużyć. „Dojrzałość" kombuchy poznajemy po tym, że podczas poruszania słojem płyn nie musuje, co jest typowe dla aktywnej fermentacji. „Dojrzały" płyn należy przefiltrować, najlepiej przez bibułkowy filtr do kawy, przelać do butelek, szczelnie zamknąć i przechowywać w lodówce. Dziennie wypija się po pół szklanki tego „specyfiku". Sam grzyb natomiast należy wypłukać pod bieżącą wodą i ponownie zalać herbatą.

CZY WIESZ, ŻE...

- Herbata tradycyjnie jest także uważana za doskonały środek na zmęczenie oczu i lekkie zapalenie spojówek. Po długiej pracy wystarczy położyć na oczy kompresy z gazy lub waty nasączonej herbacianą energią, aby po 15 minutach zmęczone oczy znów nabrały blasku, a stan zapalny znacznie się zmniejszył.
- Dzięki właściwościom neutralizującym zapach, patelnie wyczyszczone wilgotnymi liśćmi herbaty pozbywają się zapachu m.in. cebuli i ryb. Podobnie można zneutralizować zbyt intensywny zapach np. śledzi, poprzez namoczenie ich w herbacie.
- Suszone owoce lepiej jest namoczyć w naparze herbacianym niż w wodzie, ich smak będzie wówczas bardziej szlachetny.
- Aby usunąć herbaciany osad z powierzchni filiżanek, kubków lub imbryka, należy je wyczyścić solą kuchenną.
- Liście herbaty mają działanie higroskopijne (pochłaniające wilgoć). Dzięki temu przemyte naparem herbacianym lustro zyskuje piękny połysk.
- Napar herbaciany zmieszany z henną daje piękną, soczystą, złotokasztanową barwę, bardziej zbliżoną do naturalnego koloru włosów niż sama henna. Jest też dobrym środkiem wzmacniającym cebulki włosów. Zapobiega ich wypadaniu oraz łupieżowi.
- I wreszcie jeszcze jedno całkiem uboczne zastosowanie esencji herbacianej, specjalnie dla modnych pań. A mianowicie kiedy nosi się suknie z przejrzystego materiału najlepiej posiadać bieliznę w cielistym kolorze, trudnym jednak do dostania. Biała bielizna czy stanik wypłukane w naparze herbacianym nabiorą łagodnego beżowego, prawdziwie cielistego odcienia.

WRÓŻBY

W Szkocji często wróżono sobie z układu liści herbacianych w kubku porannej herbaty. Liście ułożone w kotwicę oznaczały podróż, w kota – zdradę, drzewo – powodzenie. Takie wróżby dotyczyły najbliższego dnia.

SPIS PRZEPISÓW